ADD FRACTION ACTIVITY BOOK FOR KIDS

Math Workbook for Kids

Speedy Kids

SPEEDY KIDS
Children's Fiction

All Rights reserved. No part of this book may be reproduced or used in any way or form or by any means whether electronic or mechanical, this means that you cannot record or photocopy any material ideas or tips that are provided in this book.

Copyright 2017

ADDING FRACTIONS

INSTRUCTION:

Step 1: Make sure the bottom numbers (the denominators) are the same.

Step 2: Add the top numbers (the numerators), put the answer over the denominator.

Step 3: Simplify the fraction (if needed)

GOOD LUCK!

ACTIVITY 1

$\dfrac{4}{13} + \dfrac{3}{24} =$ $\dfrac{2}{10} + \dfrac{5}{14} =$

$\dfrac{3}{11} + \dfrac{10}{23} =$ $\dfrac{5}{25} + \dfrac{3}{25} =$

$\dfrac{4}{11} + \dfrac{6}{14} =$ $\dfrac{4}{12} + \dfrac{8}{17} =$

$\dfrac{5}{24} + \dfrac{2}{25} =$ $\dfrac{6}{14} + \dfrac{4}{13} =$

$\dfrac{4}{18} + \dfrac{16}{23} =$ $\dfrac{7}{19} + \dfrac{9}{16} =$

$\dfrac{2}{13} + \dfrac{9}{16} =$ $\dfrac{6}{13} + \dfrac{4}{22} =$

$\dfrac{2}{19} + \dfrac{6}{22} =$ $\dfrac{9}{22} + \dfrac{8}{20} =$

$\dfrac{2}{17} + \dfrac{7}{12} =$ $\dfrac{3}{13} + \dfrac{6}{24} =$

$\dfrac{5}{23} + \dfrac{14}{23} =$ $\dfrac{5}{17} + \dfrac{4}{19} =$

$\dfrac{4}{10} + \dfrac{1}{24} =$ $\dfrac{2}{13} + \dfrac{10}{25} =$

ACTIVITY 2

$\dfrac{4}{24} + \dfrac{6}{13} =$

$\dfrac{5}{15} + \dfrac{10}{16} =$

$\dfrac{3}{24} + \dfrac{7}{16} =$

$\dfrac{9}{24} + \dfrac{5}{11} =$

$\dfrac{1}{22} + \dfrac{11}{17} =$

$\dfrac{7}{19} + \dfrac{4}{25} =$

$\dfrac{2}{14} + \dfrac{11}{21} =$

$\dfrac{7}{19} + \dfrac{4}{15} =$

$\dfrac{4}{18} + \dfrac{4}{14} =$

$\dfrac{3}{19} + \dfrac{10}{25} =$

$\dfrac{3}{24} + \dfrac{4}{18} =$

$\dfrac{3}{23} + \dfrac{9}{13} =$

$\dfrac{1}{10} + \dfrac{4}{10} =$

$\dfrac{1}{11} + \dfrac{3}{11} =$

$\dfrac{2}{22} + \dfrac{6}{24} =$

$\dfrac{1}{20} + \dfrac{4}{10} =$

$\dfrac{4}{13} + \dfrac{8}{13} =$

$\dfrac{4}{25} + \dfrac{4}{14} =$

$\dfrac{2}{17} + \dfrac{4}{19} =$

$\dfrac{4}{11} + \dfrac{8}{22} =$

ACTIVITY 3

$\dfrac{4}{23} + \dfrac{3}{19} =$ $\qquad$ $\dfrac{5}{15} + \dfrac{4}{12} =$

$\dfrac{2}{10} + \dfrac{17}{23} =$ $\qquad$ $\dfrac{4}{11} + \dfrac{13}{25} =$

$\dfrac{8}{20} + \dfrac{5}{24} =$ $\qquad$ $\dfrac{2}{23} + \dfrac{6}{25} =$

$\dfrac{7}{25} + \dfrac{6}{10} =$ $\qquad$ $\dfrac{3}{16} + \dfrac{12}{16} =$

$\dfrac{5}{20} + \dfrac{4}{21} =$ $\qquad$ $\dfrac{9}{21} + \dfrac{4}{14} =$

$\dfrac{1}{11} + \dfrac{6}{12} =$ $\qquad$ $\dfrac{11}{24} + \dfrac{6}{14} =$

$\dfrac{1}{17} + \dfrac{23}{25} =$ $\qquad$ $\dfrac{6}{14} + \dfrac{4}{13} =$

$\dfrac{2}{12} + \dfrac{4}{17} =$ $\qquad$ $\dfrac{8}{19} + \dfrac{9}{18} =$

$\dfrac{7}{19} + \dfrac{13}{21} =$ $\qquad$ $\dfrac{5}{21} + \dfrac{11}{21} =$

$\dfrac{8}{20} + \dfrac{9}{20} =$ $\qquad$ $\dfrac{9}{21} + \dfrac{3}{17} =$

ACTIVITY 4

$\dfrac{3}{23} + \dfrac{9}{19} =$ $\qquad\qquad$ $\dfrac{4}{14} + \dfrac{8}{21} =$

$\dfrac{4}{23} + \dfrac{9}{15} =$ $\qquad\qquad$ $\dfrac{7}{23} + \dfrac{10}{24} =$

$\dfrac{1}{24} + \dfrac{5}{24} =$ $\qquad\qquad$ $\dfrac{4}{11} + \dfrac{4}{10} =$

$\dfrac{4}{17} + \dfrac{7}{21} =$ $\qquad\qquad$ $\dfrac{3}{22} + \dfrac{6}{12} =$

$\dfrac{5}{22} + \dfrac{4}{18} =$ $\qquad\qquad$ $\dfrac{8}{18} + \dfrac{10}{19} =$

$\dfrac{11}{25} + \dfrac{4}{12} =$ $\qquad\qquad$ $\dfrac{1}{19} + \dfrac{11}{14} =$

$\dfrac{11}{25} + \dfrac{10}{20} =$ $\qquad\qquad$ $\dfrac{10}{20} + \dfrac{7}{15} =$

$\dfrac{5}{10} + \dfrac{1}{19} =$ $\qquad\qquad$ $\dfrac{4}{13} + \dfrac{11}{20} =$

$\dfrac{2}{25} + \dfrac{19}{23} =$ $\qquad\qquad$ $\dfrac{7}{17} + \dfrac{11}{24} =$

$\dfrac{3}{10} + \dfrac{13}{25}$ $\qquad\qquad$ $\dfrac{8}{17} + \dfrac{3}{11} =$

ACTIVITY 5

$\dfrac{4}{20} + \dfrac{8}{23} =$ 　　　　　　　$\dfrac{5}{10} + \dfrac{1}{15} =$

$\dfrac{3}{16} + \dfrac{6}{17} =$ 　　　　　　　$\dfrac{11}{22} + \dfrac{6}{18} =$

$\dfrac{5}{17} + \dfrac{5}{10} =$ 　　　　　　　$\dfrac{4}{18} + \dfrac{4}{13} =$

$\dfrac{2}{18} + \dfrac{7}{21} =$ 　　　　　　　$\dfrac{8}{18} + \dfrac{4}{25} =$

$\dfrac{3}{11} + \dfrac{8}{21} =$ 　　　　　　　$\dfrac{7}{24} + \dfrac{9}{15} =$

$\dfrac{7}{15} + \dfrac{9}{25} =$ 　　　　　　　$\dfrac{5}{12} + \dfrac{3}{19} =$

$\dfrac{6}{22} + \dfrac{7}{10} =$ 　　　　　　　$\dfrac{7}{14} + \dfrac{2}{23} =$

$\dfrac{5}{13} + \dfrac{4}{22} =$ 　　　　　　　$\dfrac{3}{13} + \dfrac{4}{21} =$

$\dfrac{4}{21} + \dfrac{7}{10} =$ 　　　　　　　$\dfrac{4}{18} + \dfrac{7}{23} =$

$\dfrac{3}{11} + \dfrac{2}{14} =$ 　　　　　　　$\dfrac{8}{19} + \dfrac{5}{20} =$

ACTIVITY 6

$\dfrac{7}{14} + \dfrac{1}{14} =$ $\qquad\qquad\qquad$ $\dfrac{7}{24} + \dfrac{6}{11} =$

$\dfrac{5}{11} + \dfrac{1}{20} =$ $\qquad\qquad\qquad$ $\dfrac{9}{24} + \dfrac{2}{12} =$

$\dfrac{2}{11} + \dfrac{1}{16} =$ $\qquad\qquad\qquad$ $\dfrac{8}{22} + \dfrac{9}{20} =$

$\dfrac{4}{11} + \dfrac{8}{13} =$ $\qquad\qquad\qquad$ $\dfrac{2}{22} + \dfrac{5}{10} =$

$\dfrac{8}{16} + \dfrac{4}{13} =$ $\qquad\qquad\qquad$ $\dfrac{1}{14} + \dfrac{1}{24} =$

$\dfrac{2}{21} + \dfrac{5}{21} =$ $\qquad\qquad\qquad$ $\dfrac{7}{14} + \dfrac{5}{17} =$

$\dfrac{1}{25} + \dfrac{10}{23} =$ $\qquad\qquad\qquad$ $\dfrac{10}{25} + \dfrac{14}{25} =$

$\dfrac{7}{21} + \dfrac{6}{20} =$ $\qquad\qquad\qquad$ $\dfrac{7}{14} + \dfrac{6}{15} =$

$\dfrac{1}{11} + \dfrac{13}{16} =$ $\qquad\qquad\qquad$ $\dfrac{6}{12} + \dfrac{7}{16} =$

$\dfrac{2}{14} + \dfrac{14}{18} =$ $\qquad\qquad\qquad$ $\dfrac{6}{13} + \dfrac{8}{16} =$

ACTIVITY 7

$\dfrac{12}{25} + \dfrac{1}{15} =$　　　　　　　　　$\dfrac{4}{13} + \dfrac{3}{16} =$

$\dfrac{7}{17} + \dfrac{8}{18} =$　　　　　　　　　$\dfrac{6}{21} + \dfrac{17}{25} =$

$\dfrac{3}{15} + \dfrac{4}{10} =$　　　　　　　　　$\dfrac{5}{13} + \dfrac{4}{10} =$

$\dfrac{8}{21} + \dfrac{7}{12} =$　　　　　　　　　$\dfrac{3}{16} + \dfrac{7}{24} =$

$\dfrac{1}{11} + \dfrac{4}{19} =$　　　　　　　　　$\dfrac{8}{19} + \dfrac{6}{15} =$

$\dfrac{3}{19} + \dfrac{10}{23} =$　　　　　　　　$\dfrac{1}{17} + \dfrac{1}{13} =$

$\dfrac{3}{20} + \dfrac{6}{23} =$　　　　　　　　　$\dfrac{3}{15} + \dfrac{10}{18} =$

$\dfrac{2}{20} + \dfrac{13}{15} =$　　　　　　　　$\dfrac{7}{16} + \dfrac{1}{12} =$

$\dfrac{10}{24} + \dfrac{5}{22} =$　　　　　　　　$\dfrac{10}{20} + \dfrac{2}{15} =$

$\dfrac{4}{13} + \dfrac{3}{24} =$　　　　　　　　　$\dfrac{7}{21} + \dfrac{1}{15} =$

ACTIVITY 8

$\dfrac{9}{23} + \dfrac{1}{22} =$ $\dfrac{4}{10} + \dfrac{1}{14} =$

$\dfrac{4}{20} + \dfrac{6}{12} =$ $\dfrac{2}{23} + \dfrac{7}{24} =$

$\dfrac{5}{17} + \dfrac{8}{18} =$ $\dfrac{6}{16} + \dfrac{1}{12} =$

$\dfrac{6}{24} + \dfrac{1}{23} =$ $\dfrac{1}{15} + \dfrac{9}{11} =$

$\dfrac{7}{24} + \dfrac{5}{15} =$ $\dfrac{5}{13} + \dfrac{6}{24} =$

$\dfrac{3}{17} + \dfrac{13}{18} =$ $\dfrac{2}{24} + \dfrac{4}{18} =$

$\dfrac{1}{14} + \dfrac{18}{22} =$ $\dfrac{8}{21} + \dfrac{4}{18} =$

$\dfrac{5}{22} + \dfrac{17}{25} =$ $\dfrac{1}{10} + \dfrac{2}{11} =$

$\dfrac{11}{22} + \dfrac{7}{16} =$ $\dfrac{3}{10} + \dfrac{9}{19} =$

$\dfrac{1}{19} + \dfrac{9}{13} =$ $\dfrac{2}{24} + \dfrac{12}{17} =$

ACTIVITY 9

$\dfrac{1}{16} + \dfrac{5}{19} =$　　　　　　　　　$\dfrac{5}{11} + \dfrac{5}{12} =$

$\dfrac{1}{23} + \dfrac{3}{15} =$　　　　　　　　　$\dfrac{1}{11} + \dfrac{3}{17} =$

$\dfrac{1}{16} + \dfrac{12}{16} =$　　　　　　　　$\dfrac{6}{18} + \dfrac{7}{12} =$

$\dfrac{7}{14} + \dfrac{2}{12} =$　　　　　　　　　$\dfrac{6}{25} + \dfrac{4}{25} =$

$\dfrac{2}{19} + \dfrac{18}{22} =$　　　　　　　　$\dfrac{1}{10} + \dfrac{15}{18} =$

$\dfrac{1}{19} + \dfrac{5}{15} =$　　　　　　　　　$\dfrac{10}{21} + \dfrac{10}{22} =$

$\dfrac{3}{19} + \dfrac{4}{11} =$　　　　　　　　　$\dfrac{1}{15} + \dfrac{10}{12} =$

$\dfrac{2}{16} + \dfrac{10}{24} =$　　　　　　　　$\dfrac{6}{16} + \dfrac{6}{11} =$

$\dfrac{1}{22} + \dfrac{8}{19} =$　　　　　　　　　$\dfrac{9}{21} + \dfrac{2}{10} =$

$\dfrac{3}{12} + \dfrac{2}{10} =$　　　　　　　　　$\dfrac{4}{22} + \dfrac{10}{20} =$

ACTIVITY 10

$\dfrac{5}{22} + \dfrac{5}{12} =$ $\qquad\qquad\qquad$ $\dfrac{3}{16} + \dfrac{5}{21} =$

$\dfrac{8}{23} + \dfrac{7}{13} =$ $\qquad\qquad\qquad$ $\dfrac{7}{16} + \dfrac{6}{17} =$

$\dfrac{4}{13} + \dfrac{6}{12} =$ $\qquad\qquad\qquad$ $\dfrac{4}{19} + \dfrac{14}{21} =$

$\dfrac{9}{18} + \dfrac{4}{15} =$ $\qquad\qquad\qquad$ $\dfrac{1}{16} + \dfrac{17}{20} =$

$\dfrac{6}{23} + \dfrac{4}{13} =$ $\qquad\qquad\qquad$ $\dfrac{7}{17} + \dfrac{2}{23} =$

$\dfrac{5}{14} + \dfrac{3}{12} =$ $\qquad\qquad\qquad$ $\dfrac{11}{23} + \dfrac{1}{22} =$

$\dfrac{2}{16} + \dfrac{7}{17} =$ $\qquad\qquad\qquad$ $\dfrac{3}{14} + \dfrac{3}{24} =$

$\dfrac{5}{21} + \dfrac{12}{16} =$ $\qquad\qquad\qquad$ $\dfrac{12}{24} + \dfrac{3}{12} =$

$\dfrac{8}{24} + \dfrac{1}{17} =$ $\qquad\qquad\qquad$ $\dfrac{6}{13} + \dfrac{6}{22} =$

$\dfrac{4}{12} + \dfrac{7}{17} =$ $\qquad\qquad\qquad$ $\dfrac{11}{22} + \dfrac{9}{24} =$

ACTIVITY 11

$\dfrac{9}{22} + \dfrac{3}{17} =$

$\dfrac{1}{19} + \dfrac{7}{23} =$

$\dfrac{3}{13} + \dfrac{11}{18} =$

$\dfrac{8}{22} + \dfrac{5}{11} =$

$\dfrac{5}{13} + \dfrac{1}{20} =$

$\dfrac{10}{24} + \dfrac{4}{12} =$

$\dfrac{4}{13} + \dfrac{9}{18} =$

$\dfrac{6}{23} + \dfrac{2}{11} =$

$\dfrac{8}{22} + \dfrac{2}{18} =$

$\dfrac{4}{18} + \dfrac{7}{25} =$

$\dfrac{7}{19} + \dfrac{8}{14} =$

$\dfrac{3}{15} + \dfrac{7}{10} =$

$\dfrac{2}{11} + \dfrac{1}{11} =$

$\dfrac{10}{24} + \dfrac{6}{20} =$

$\dfrac{5}{12} + \dfrac{2}{21} =$

$\dfrac{9}{19} + \dfrac{8}{23} =$

$\dfrac{4}{22} + \dfrac{12}{18} =$

$\dfrac{4}{25} + \dfrac{11}{20} =$

$\dfrac{10}{23} + \dfrac{7}{25} =$

$\dfrac{5}{11} + \dfrac{4}{12} =$

ACTIVITY 12

$\dfrac{6}{13} + \dfrac{6}{16} =$　　　　　　　　　　$\dfrac{2}{17} + \dfrac{3}{16} =$

$\dfrac{1}{22} + \dfrac{8}{15} =$　　　　　　　　　　$\dfrac{1}{18} + \dfrac{14}{22} =$

$\dfrac{10}{24} + \dfrac{9}{18} =$　　　　　　　　　　$\dfrac{4}{13} + \dfrac{1}{14} =$

$\dfrac{7}{18} + \dfrac{1}{12} =$　　　　　　　　　　$\dfrac{3}{10} + \dfrac{4}{16} =$

$\dfrac{5}{10} + \dfrac{1}{12} =$　　　　　　　　　　$\dfrac{5}{17} + \dfrac{10}{18} =$

$\dfrac{2}{23} + \dfrac{12}{19} =$　　　　　　　　　　$\dfrac{6}{12} + \dfrac{2}{18} =$

$\dfrac{10}{24} + \dfrac{2}{11} =$　　　　　　　　　　$\dfrac{1}{10} + \dfrac{11}{25} =$

$\dfrac{7}{17} + \dfrac{5}{19} =$　　　　　　　　　　$\dfrac{12}{25} + \dfrac{4}{16} =$

$\dfrac{4}{10} + \dfrac{3}{19} =$　　　　　　　　　　$\dfrac{2}{12} + \dfrac{5}{10} =$

$\dfrac{5}{22} + \dfrac{12}{19} =$　　　　　　　　　　$\dfrac{5}{21} + \dfrac{3}{18} =$

ACTIVITY 13

$\dfrac{2}{15} + \dfrac{16}{24} =$

$\dfrac{5}{10} + \dfrac{4}{16} =$

$\dfrac{10}{24} + \dfrac{4}{16} =$

$\dfrac{1}{10} + \dfrac{1}{18} =$

$\dfrac{1}{14} + \dfrac{12}{22} =$

$\dfrac{7}{22} + \dfrac{7}{17} =$

$\dfrac{5}{10} + \dfrac{5}{21} =$

$\dfrac{5}{11} + \dfrac{7}{20} =$

$\dfrac{5}{10} + \dfrac{5}{14} =$

$\dfrac{1}{18} + \dfrac{1}{10} =$

$\dfrac{9}{23} + \dfrac{9}{22} =$

$\dfrac{5}{23} + \dfrac{3}{15} =$

$\dfrac{4}{25} + \dfrac{1}{21} =$

$\dfrac{5}{19} + \dfrac{3}{23} =$

$\dfrac{2}{19} + \dfrac{7}{24} =$

$\dfrac{1}{22} + \dfrac{9}{10} =$

$\dfrac{3}{17} + \dfrac{1}{21} =$

$\dfrac{3}{22} + \dfrac{12}{18} =$

$\dfrac{11}{25} + \dfrac{3}{11} =$

$\dfrac{2}{22} + \dfrac{4}{24} =$

ACTIVITY 14

$\dfrac{6}{12} + \dfrac{4}{10} =$ $\dfrac{12}{25} + \dfrac{7}{21} =$

$\dfrac{7}{25} + \dfrac{4}{24} =$ $\dfrac{2}{25} + \dfrac{11}{12} =$

$\dfrac{6}{18} + \dfrac{8}{13} =$ $\dfrac{1}{14} + \dfrac{14}{21} =$

$\dfrac{2}{24} + \dfrac{3}{14} =$ $\dfrac{1}{17} + \dfrac{6}{15} =$

$\dfrac{3}{18} + \dfrac{7}{10} =$ $\dfrac{5}{10} + \dfrac{5}{16} =$

$\dfrac{5}{25} + \dfrac{1}{21} =$ $\dfrac{2}{22} + \dfrac{10}{14} =$

$\dfrac{10}{20} + \dfrac{3}{12} =$ $\dfrac{2}{12} + \dfrac{8}{11} =$

$\dfrac{6}{25} + \dfrac{2}{24} =$ $\dfrac{7}{19} + \dfrac{4}{10} =$

$\dfrac{5}{15} + \dfrac{5}{17} =$ $\dfrac{2}{18} + \dfrac{11}{17} =$

$\dfrac{6}{14} + \dfrac{6}{13} =$ $\dfrac{5}{11} + \dfrac{2}{13} =$

ACTIVITY 15

$\dfrac{1}{25} + \dfrac{10}{12} =$ $\qquad$ $\dfrac{4}{20} + \dfrac{7}{25} =$

$\dfrac{3}{23} + \dfrac{3}{11} =$ $\qquad$ $\dfrac{6}{13} + \dfrac{11}{23} =$

$\dfrac{9}{21} + \dfrac{1}{12} =$ $\qquad$ $\dfrac{4}{13} + \dfrac{4}{10} =$

$\dfrac{8}{18} + \dfrac{9}{25} =$ $\qquad$ $\dfrac{9}{18} + \dfrac{2}{12} =$

$\dfrac{7}{15} + \dfrac{3}{12} =$ $\qquad$ $\dfrac{5}{14} + \dfrac{3}{17} =$

$\dfrac{1}{24} + \dfrac{7}{11} =$ $\qquad$ $\dfrac{5}{20} + \dfrac{13}{21} =$

$\dfrac{4}{14} + \dfrac{4}{11} =$ $\qquad$ $\dfrac{10}{24} + \dfrac{6}{20} =$

$\dfrac{7}{24} + \dfrac{4}{11} =$ $\qquad$ $\dfrac{7}{14} + \dfrac{4}{14} =$

$\dfrac{6}{18} + \dfrac{6}{14} =$ $\qquad$ $\dfrac{2}{11} + \dfrac{13}{25} =$

$\dfrac{1}{10} + \dfrac{15}{25} =$ $\qquad$ $\dfrac{5}{16} + \dfrac{2}{23} =$

ACTIVITY 16

$\dfrac{5}{17} + \dfrac{3}{11} =$

$\dfrac{8}{20} + \dfrac{1}{20} =$

$\dfrac{4}{18} + \dfrac{6}{12} =$

$\dfrac{5}{17} + \dfrac{1}{17} =$

$\dfrac{1}{11} + \dfrac{10}{21} =$

$\dfrac{6}{23} + \dfrac{7}{10} =$

$\dfrac{2}{13} + \dfrac{3}{14} =$

$\dfrac{4}{12} + \dfrac{3}{10} =$

$\dfrac{1}{15} + \dfrac{6}{13} =$

$\dfrac{3}{14} + \dfrac{10}{24} =$

$\dfrac{4}{22} + \dfrac{8}{10} =$

$\dfrac{3}{21} + \dfrac{1}{12} =$

$\dfrac{3}{18} + \dfrac{13}{20} =$

$\dfrac{3}{15} + \dfrac{8}{22} =$

$\dfrac{5}{24} + \dfrac{6}{19} =$

$\dfrac{5}{13} + \dfrac{5}{10} =$

$\dfrac{6}{20} + \dfrac{14}{23} =$

$\dfrac{5}{25} + \dfrac{4}{11} =$

$\dfrac{2}{14} + \dfrac{5}{17} =$

$\dfrac{10}{21} + \dfrac{6}{14} =$

ACTIVITY 17

$\dfrac{6}{21} + \dfrac{12}{19} =$ $\qquad$ $\dfrac{9}{18} + \dfrac{7}{20} =$

$\dfrac{1}{17} + \dfrac{10}{18} =$ $\qquad$ $\dfrac{3}{13} + \dfrac{1}{13} =$

$\dfrac{9}{18} + \dfrac{11}{25} =$ $\qquad$ $\dfrac{1}{10} + \dfrac{19}{22} =$

$\dfrac{5}{14} + \dfrac{7}{17} =$ $\qquad$ $\dfrac{1}{15} + \dfrac{6}{14} =$

$\dfrac{4}{25} + \dfrac{3}{22} =$ $\qquad$ $\dfrac{8}{25} + \dfrac{2}{12} =$

$\dfrac{9}{21} + \dfrac{3}{11} =$ $\qquad$ $\dfrac{1}{12} + \dfrac{10}{23} =$

$\dfrac{1}{16} + \dfrac{9}{25} =$ $\qquad$ $\dfrac{6}{23} + \dfrac{8}{11} =$

$\dfrac{6}{18} + \dfrac{2}{11} =$ $\qquad$ $\dfrac{4}{19} + \dfrac{10}{24} =$

$\dfrac{3}{11} + \dfrac{5}{10} =$ $\qquad$ $\dfrac{1}{14} + \dfrac{2}{10} =$

$\dfrac{1}{12} + \dfrac{2}{13} =$ $\qquad$ $\dfrac{3}{13} + \dfrac{8}{16} =$

ACTIVITY 18

$\dfrac{3}{14} + \dfrac{4}{20} =$

$\dfrac{5}{11} + \dfrac{10}{22} =$

$\dfrac{2}{14} + \dfrac{17}{25} =$

$\dfrac{2}{21} + \dfrac{3}{14} =$

$\dfrac{1}{23} + \dfrac{16}{20} =$

$\dfrac{1}{13} + \dfrac{7}{11} =$

$\dfrac{2}{24} + \dfrac{4}{17} =$

$\dfrac{2}{12} + \dfrac{3}{14} =$

$\dfrac{4}{19} + \dfrac{11}{23} =$

$\dfrac{6}{12} + \dfrac{2}{19} =$

$\dfrac{6}{24} + \dfrac{8}{19} =$

$\dfrac{2}{17} + \dfrac{4}{12} =$

$\dfrac{4}{14} + \dfrac{4}{21} =$

$\dfrac{5}{19} + \dfrac{1}{19} =$

$\dfrac{5}{11} + \dfrac{5}{11} =$

$\dfrac{4}{13} + \dfrac{3}{14} =$

$\dfrac{1}{25} + \dfrac{4}{18} =$

$\dfrac{1}{11} + \dfrac{11}{19} =$

$\dfrac{4}{10} + \dfrac{2}{24} =$

$\dfrac{3}{19} + \dfrac{13}{22} =$

ACTIVITY 19

$\dfrac{2}{6} + \dfrac{4}{6} + \dfrac{4}{9} =$

$\dfrac{2}{7} + \dfrac{2}{3} + \dfrac{3}{7} =$

$\dfrac{6}{8} + \dfrac{1}{3} + \dfrac{3}{6} =$

$\dfrac{3}{4} + \dfrac{1}{8} + \dfrac{4}{6} =$

$\dfrac{6}{9} + \dfrac{6}{9} + \dfrac{4}{9} =$

$\dfrac{1}{6} + \dfrac{3}{6} + \dfrac{2}{3} =$

$\dfrac{1}{9} + \dfrac{5}{9} + \dfrac{2}{8} =$

$\dfrac{2}{6} + \dfrac{2}{5} + \dfrac{3}{6} =$

$\dfrac{6}{8} + \dfrac{3}{7} + \dfrac{2}{7} =$

$\dfrac{5}{9} + \dfrac{4}{8} + \dfrac{1}{5} =$

$\dfrac{4}{6} + \dfrac{1}{9} + \dfrac{2}{7} =$

$\dfrac{1}{4} + \dfrac{1}{6} + \dfrac{1}{4} =$

$\dfrac{3}{7} + \dfrac{1}{3} + \dfrac{2}{3} =$

$\dfrac{1}{5} + \dfrac{1}{9} + \dfrac{3}{8} =$

$\dfrac{1}{7} + \dfrac{1}{6} + \dfrac{1}{9} =$

$\dfrac{1}{5} + \dfrac{2}{6} + \dfrac{2}{5} =$

$\dfrac{2}{6} + \dfrac{1}{4} + \dfrac{3}{6} =$

$\dfrac{4}{9} + \dfrac{1}{4} + \dfrac{2}{5} =$

$\dfrac{6}{9} + \dfrac{1}{9} + \dfrac{4}{7} =$

$\dfrac{2}{4} + \dfrac{3}{4} + \dfrac{1}{4} =$

ACTIVITY 20

$\dfrac{3}{4} + \dfrac{1}{4} + \dfrac{3}{5} =$ $\qquad$ $\dfrac{1}{3} + \dfrac{1}{3} + \dfrac{2}{5} =$

$\dfrac{5}{9} + \dfrac{2}{6} + \dfrac{2}{9} =$ $\qquad$ $\dfrac{4}{7} + \dfrac{6}{9} + \dfrac{6}{8} =$

$\dfrac{3}{4} + \dfrac{3}{4} + \dfrac{3}{7} =$ $\qquad$ $\dfrac{2}{7} + \dfrac{1}{3} + \dfrac{4}{6} =$

$\dfrac{3}{6} + \dfrac{4}{7} + \dfrac{2}{6} =$ $\qquad$ $\dfrac{6}{9} + \dfrac{4}{8} + \dfrac{1}{4} =$

$\dfrac{1}{3} + \dfrac{3}{6} + \dfrac{3}{5} =$ $\qquad$ $\dfrac{3}{8} + \dfrac{2}{4} + \dfrac{4}{7} =$

$\dfrac{3}{8} + \dfrac{1}{4} + \dfrac{2}{5} =$ $\qquad$ $\dfrac{2}{3} + \dfrac{1}{6} + \dfrac{1}{6} =$

$\dfrac{2}{5} + \dfrac{1}{3} + \dfrac{5}{8} =$ $\qquad$ $\dfrac{4}{7} + \dfrac{1}{5} + \dfrac{2}{7} =$

$\dfrac{1}{4} + \dfrac{4}{6} + \dfrac{1}{3} =$ $\qquad$ $\dfrac{2}{8} + \dfrac{4}{9} + \dfrac{4}{8} =$

$\dfrac{2}{7} + \dfrac{2}{9} + \dfrac{2}{9} =$ $\qquad$ $\dfrac{4}{9} + \dfrac{4}{6} + \dfrac{3}{4} =$

$\dfrac{4}{8} + \dfrac{2}{6} + \dfrac{1}{3} =$ $\qquad$ $\dfrac{1}{3} + \dfrac{3}{7} + \dfrac{3}{6} =$

ACTIVITY 21

$\frac{3}{4} + \frac{1}{5} + \frac{1}{7} =$ $\frac{6}{9} + \frac{4}{8} + \frac{6}{8} =$

$\frac{2}{6} + \frac{1}{3} + \frac{5}{7} =$ $\frac{2}{3} + \frac{2}{3} + \frac{1}{7} =$

$\frac{4}{7} + \frac{1}{6} + \frac{3}{6} =$ $\frac{2}{4} + \frac{1}{8} + \frac{2}{5} =$

$\frac{2}{7} + \frac{3}{5} + \frac{2}{9} =$ $\frac{3}{8} + \frac{3}{5} + \frac{1}{7} =$

$\frac{2}{4} + \frac{4}{6} + \frac{1}{3} =$ $\frac{2}{5} + \frac{5}{9} + \frac{1}{9} =$

$\frac{3}{8} + \frac{2}{5} + \frac{2}{4} =$ $\frac{6}{8} + \frac{1}{3} + \frac{1}{6} =$

$\frac{6}{8} + \frac{3}{4} + \frac{2}{4} =$ $\frac{2}{4} + \frac{2}{4} + \frac{1}{3} =$

$\frac{2}{3} + \frac{3}{6} + \frac{1}{6} =$ $\frac{1}{3} + \frac{3}{7} + \frac{2}{6} =$

ACTIVITY 22

$\dfrac{1}{3} + \dfrac{3}{4} + \dfrac{2}{3} =$ $\qquad$ $\dfrac{3}{5} + \dfrac{1}{4} + \dfrac{6}{8} =$

$\dfrac{3}{9} + \dfrac{4}{8} + \dfrac{1}{3} =$ $\qquad$ $\dfrac{2}{3} + \dfrac{4}{6} + \dfrac{1}{3} =$

$\dfrac{1}{8} + \dfrac{1}{5} + \dfrac{2}{3} =$ $\qquad$ $\dfrac{2}{5} + \dfrac{2}{3} + \dfrac{3}{5} =$

$\dfrac{2}{7} + \dfrac{2}{5} + \dfrac{2}{8} =$ $\qquad$ $\dfrac{2}{5} + \dfrac{2}{6} + \dfrac{1}{5} =$

$\dfrac{6}{8} + \dfrac{1}{3} + \dfrac{4}{8} =$ $\qquad$ $\dfrac{1}{4} + \dfrac{2}{4} + \dfrac{4}{8} =$

$\dfrac{1}{3} + \dfrac{3}{4} + \dfrac{3}{7} =$ $\qquad$ $\dfrac{2}{6} + \dfrac{4}{7} + \dfrac{3}{4} =$

$\dfrac{3}{6} + \dfrac{1}{9} + \dfrac{3}{5} =$ $\qquad$ $\dfrac{1}{4} + \dfrac{1}{6} + \dfrac{2}{4} =$

$\dfrac{4}{6} + \dfrac{2}{3} + \dfrac{2}{7} =$ $\qquad$ $\dfrac{4}{6} + \dfrac{1}{4} + \dfrac{5}{8} =$

ACTIVITY 23

$\dfrac{3}{5} + \dfrac{2}{3} + \dfrac{1}{5} =$ $\dfrac{3}{9} + \dfrac{1}{7} + \dfrac{1}{3} =$

$\dfrac{3}{6} + \dfrac{5}{7} + \dfrac{3}{7} =$ $\dfrac{2}{5} + \dfrac{5}{9} + \dfrac{1}{5} =$

$\dfrac{4}{7} + \dfrac{3}{9} + \dfrac{1}{6} =$ $\dfrac{4}{7} + \dfrac{2}{3} + \dfrac{3}{7} =$

$\dfrac{4}{6} + \dfrac{4}{6} + \dfrac{3}{6} =$ $\dfrac{4}{7} + \dfrac{1}{3} + \dfrac{5}{7} =$

$\dfrac{3}{9} + \dfrac{5}{8} + \dfrac{1}{9} =$ $\dfrac{2}{8} + \dfrac{3}{6} + \dfrac{2}{6} =$

$\dfrac{3}{4} + \dfrac{1}{3} + \dfrac{3}{4} =$ $\dfrac{1}{9} + \dfrac{2}{3} + \dfrac{5}{7} =$

$\dfrac{3}{6} + \dfrac{1}{7} + \dfrac{1}{3} =$ $\dfrac{5}{7} + \dfrac{2}{6} + \dfrac{1}{8} =$

$\dfrac{1}{3} + \dfrac{1}{3} + \dfrac{2}{5} =$ $\dfrac{1}{3} + \dfrac{4}{8} + \dfrac{1}{7} =$

ACTIVITY 24

$\frac{1}{5} + \frac{2}{3} + \frac{3}{4} =$

$\frac{1}{7} + \frac{4}{8} + \frac{1}{5} =$

$\frac{1}{3} + \frac{2}{7} + \frac{3}{6} =$

$\frac{5}{8} + \frac{2}{3} + \frac{1}{3} =$

$\frac{2}{9} + \frac{3}{4} + \frac{2}{3} =$

$\frac{5}{7} + \frac{5}{9} + \frac{1}{8} =$

$\frac{2}{7} + \frac{3}{8} + \frac{4}{9} =$

$\frac{6}{8} + \frac{5}{8} + \frac{1}{7} =$

$\frac{1}{4} + \frac{4}{7} + \frac{1}{3} =$

$\frac{1}{4} + \frac{5}{8} + \frac{5}{9} =$

$\frac{4}{7} + \frac{2}{6} + \frac{1}{9} =$

$\frac{1}{3} + \frac{3}{4} + \frac{2}{7} =$

$\frac{6}{9} + \frac{1}{6} + \frac{1}{5} =$

$\frac{3}{5} + \frac{4}{7} + \frac{1}{7} =$

$\frac{4}{6} + \frac{1}{4} + \frac{5}{9} =$

$\frac{1}{3} + \frac{2}{4} + \frac{3}{7} =$

ACTIVITY 25

$\dfrac{3}{6} + \dfrac{2}{5} + \dfrac{2}{3} =$ $\qquad$ $\dfrac{1}{5} + \dfrac{3}{5} + \dfrac{2}{5} =$

$\dfrac{1}{3} + \dfrac{5}{8} + \dfrac{2}{3} =$ $\qquad$ $\dfrac{5}{8} + \dfrac{1}{3} + \dfrac{3}{4} =$

$\dfrac{3}{5} + \dfrac{3}{9} + \dfrac{3}{7} =$ $\qquad$ $\dfrac{4}{8} + \dfrac{4}{6} + \dfrac{2}{3} =$

$\dfrac{5}{9} + \dfrac{3}{9} + \dfrac{3}{9} =$ $\qquad$ $\dfrac{3}{7} + \dfrac{2}{7} + \dfrac{2}{9} =$

$\dfrac{5}{9} + \dfrac{4}{7} + \dfrac{1}{5} =$ $\qquad$ $\dfrac{4}{8} + \dfrac{2}{8} + \dfrac{1}{7} =$

$\dfrac{1}{4} + \dfrac{2}{6} + \dfrac{1}{5} =$ $\qquad$ $\dfrac{1}{5} + \dfrac{1}{3} + \dfrac{4}{7} =$

$\dfrac{2}{6} + \dfrac{5}{7} + \dfrac{4}{6} =$ $\qquad$ $\dfrac{1}{6} + \dfrac{4}{6} + \dfrac{6}{9} =$

$\dfrac{3}{4} + \dfrac{2}{9} + \dfrac{1}{5} =$ $\qquad$ $\dfrac{1}{6} + \dfrac{1}{6} + \dfrac{3}{8} =$

ACTIVITY 26

$\dfrac{2}{5} + \dfrac{2}{6} =$ $\dfrac{2}{6} + \dfrac{1}{3} =$

$\dfrac{1}{3} + \dfrac{1}{4} =$ $\dfrac{1}{2} + \dfrac{2}{5} =$

$\dfrac{1}{2} + \dfrac{1}{3} =$ $\dfrac{3}{8} + \dfrac{1}{3} =$

$\dfrac{3}{7} + \dfrac{2}{5} =$ $\dfrac{4}{9} + \dfrac{1}{3} =$

$\dfrac{2}{8} + \dfrac{4}{6} =$ $\dfrac{1}{3} + \dfrac{1}{5} =$

$\dfrac{2}{8} + \dfrac{1}{3} =$ $\dfrac{2}{7} + \dfrac{1}{4} =$

$\dfrac{1}{2} + \dfrac{2}{7} =$ $\dfrac{2}{4} + \dfrac{1}{2} =$

$\dfrac{2}{4} + \dfrac{3}{7} =$ $\dfrac{2}{8} + \dfrac{1}{4} =$

$\dfrac{2}{6} + \dfrac{1}{2} =$ $\dfrac{1}{4} + \dfrac{1}{3} =$

$\dfrac{4}{8} + \dfrac{1}{3} =$ $\dfrac{3}{6} + \dfrac{3}{7} =$

ACTIVITY 27

$\frac{1}{2} + \frac{1}{4} =$ $\frac{2}{6} + \frac{2}{7} =$

$\frac{1}{9} + \frac{1}{2} =$ $\frac{4}{9} + \frac{1}{3} =$

$\frac{1}{2} + \frac{3}{6} =$ $\frac{3}{7} + \frac{3}{6} =$

$\frac{1}{7} + \frac{2}{9} =$ $\frac{1}{5} + \frac{1}{2} =$

$\frac{1}{2} + \frac{4}{9} =$ $\frac{2}{5} + \frac{3}{6} =$

$\frac{1}{9} + \frac{6}{9} =$ $\frac{1}{3} + \frac{1}{4} =$

$\frac{3}{7} + \frac{1}{4} =$ $\frac{1}{9} + \frac{2}{6} =$

$\frac{4}{9} + \frac{3}{7} =$ $\frac{2}{5} + \frac{1}{2} =$

$\frac{3}{6} + \frac{1}{7} =$ $\frac{1}{5} + \frac{1}{7} =$

$\frac{2}{8} + \frac{1}{6} =$ $\frac{1}{5} + \frac{2}{5} =$

ACTIVITY 28

$\dfrac{2}{5} + \dfrac{1}{3} =$ $\dfrac{1}{9} + \dfrac{1}{5} =$

$\dfrac{1}{3} + \dfrac{2}{6} =$ $\dfrac{1}{3} + \dfrac{3}{7} =$

$\dfrac{1}{7} + \dfrac{3}{9} =$ $\dfrac{1}{5} + \dfrac{1}{4} =$

$\dfrac{1}{2} + \dfrac{3}{6} =$ $\dfrac{1}{5} + \dfrac{2}{9} =$

$\dfrac{2}{4} + \dfrac{1}{7} =$ $\dfrac{3}{7} + \dfrac{1}{4} =$

$\dfrac{1}{4} + \dfrac{1}{5} =$ $\dfrac{1}{6} + \dfrac{2}{9} =$

$\dfrac{1}{3} + \dfrac{1}{6} =$ $\dfrac{1}{2} + \dfrac{2}{8} =$

$\dfrac{4}{8} + \dfrac{3}{8} =$ $\dfrac{1}{2} + \dfrac{3}{8} =$

$\dfrac{2}{9} + \dfrac{1}{6} =$ $\dfrac{3}{9} + \dfrac{3}{6} =$

$\dfrac{3}{8} + \dfrac{1}{4} =$ $\dfrac{1}{3} + \dfrac{1}{7} =$

ACTIVITY 29

$\dfrac{3}{7} + \dfrac{2}{6} =$ $\dfrac{2}{6} + \dfrac{2}{3} =$

$\dfrac{2}{6} + \dfrac{1}{7} =$ $\dfrac{1}{4} + \dfrac{3}{7} =$

$\dfrac{2}{5} + \dfrac{1}{2} =$ $\dfrac{2}{4} + \dfrac{1}{5} =$

$\dfrac{1}{2} + \dfrac{4}{9} =$ $\dfrac{2}{8} + \dfrac{1}{6} =$

$\dfrac{1}{3} + \dfrac{4}{8} =$ $\dfrac{4}{9} + \dfrac{2}{6} =$

$\dfrac{1}{4} + \dfrac{1}{4} =$ $\dfrac{2}{6} + \dfrac{1}{4} =$

$\dfrac{1}{9} + \dfrac{3}{4} =$ $\dfrac{1}{7} + \dfrac{2}{9} =$

$\dfrac{3}{7} + \dfrac{3}{7} =$ $\dfrac{2}{8} + \dfrac{5}{8} =$

$\dfrac{1}{9} + \dfrac{7}{8} =$ $\dfrac{1}{4} + \dfrac{2}{4} =$

$\dfrac{2}{9} + \dfrac{6}{8} =$ $\dfrac{1}{3} + \dfrac{1}{2} =$

ACTIVITY 30

$\dfrac{1}{6} + \dfrac{1}{2} =$ $\qquad\qquad\qquad$ $\dfrac{4}{8} + \dfrac{1}{9} =$

$\dfrac{1}{4} + \dfrac{5}{8} =$ $\qquad\qquad\qquad$ $\dfrac{1}{4} + \dfrac{2}{3} =$

$\dfrac{1}{4} + \dfrac{1}{4} =$ $\qquad\qquad\qquad$ $\dfrac{1}{2} + \dfrac{1}{3} =$

$\dfrac{1}{2} + \dfrac{1}{7} =$ $\qquad\qquad\qquad$ $\dfrac{1}{3} + \dfrac{2}{4} =$

$\dfrac{2}{4} + \dfrac{1}{4} =$ $\qquad\qquad\qquad$ $\dfrac{2}{5} + \dfrac{2}{5} =$

$\dfrac{3}{8} + \dfrac{1}{2} =$ $\qquad\qquad\qquad$ $\dfrac{1}{7} + \dfrac{1}{2} =$

$\dfrac{4}{8} + \dfrac{1}{3} =$ $\qquad\qquad\qquad$ $\dfrac{4}{8} + \dfrac{3}{8} =$

$\dfrac{3}{9} + \dfrac{3}{6} =$ $\qquad\qquad\qquad$ $\dfrac{3}{7} + \dfrac{2}{8} =$

$\dfrac{3}{9} + \dfrac{2}{4} =$ $\qquad\qquad\qquad$ $\dfrac{3}{7} + \dfrac{1}{3} =$

$\dfrac{2}{4} + \dfrac{2}{6} =$ $\qquad\qquad\qquad$ $\dfrac{1}{2} + \dfrac{2}{4} =$

ACTIVITY 31

$\frac{2}{4} + \frac{1}{3} =$ $\qquad$ $\frac{1}{2} + \frac{3}{6} =$

$\frac{2}{5} + \frac{1}{8} =$ $\qquad$ $\frac{1}{2} + \frac{1}{4} =$

$\frac{4}{9} + \frac{1}{6} =$ $\qquad$ $\frac{1}{3} + \frac{3}{6} =$

$\frac{1}{5} + \frac{2}{3} =$ $\qquad$ $\frac{3}{9} + \frac{1}{8} =$

$\frac{1}{4} + \frac{1}{7} =$ $\qquad$ $\frac{1}{3} + \frac{4}{6} =$

$\frac{1}{3} + \frac{1}{5} =$ $\qquad$ $\frac{1}{5} + \frac{1}{6} =$

$\frac{1}{7} + \frac{3}{9} =$ $\qquad$ $\frac{4}{8} + \frac{1}{8} =$

$\frac{3}{7} + \frac{2}{8} =$ $\qquad$ $\frac{2}{6} + \frac{3}{7} =$

$\frac{1}{8} + \frac{5}{6} =$ $\qquad$ $\frac{1}{3} + \frac{6}{9} =$

$\frac{1}{7} + \frac{3}{5} =$ $\qquad$ $\frac{1}{5} + \frac{5}{8} =$

ACTIVITY 32

$\frac{2}{5} + \frac{2}{5} =$

$\frac{3}{9} + \frac{4}{9} =$

$\frac{3}{7} + \frac{1}{3} =$

$\frac{2}{7} + \frac{3}{9} =$

$\frac{1}{5} + \frac{1}{3} =$

$\frac{2}{9} + \frac{1}{2} =$

$\frac{1}{4} + \frac{2}{3} =$

$\frac{2}{7} + \frac{2}{4} =$

$\frac{1}{7} + \frac{2}{9} =$

$\frac{1}{2} + \frac{2}{9} =$

$\frac{2}{4} + \frac{1}{5} =$

$\frac{1}{6} + \frac{1}{7} =$

$\frac{1}{2} + \frac{1}{5} =$

$\frac{3}{7} + \frac{2}{4} =$

$\frac{1}{2} + \frac{1}{6} =$

$\frac{1}{3} + \frac{1}{5} =$

$\frac{1}{6} + \frac{3}{9} =$

$\frac{3}{6} + \frac{1}{3} =$

$\frac{1}{9} + \frac{2}{7} =$

$\frac{1}{2} + \frac{1}{2} =$

ACTIVITY 33

$\frac{1}{3} + \frac{1}{2} =$ $\qquad$ $\frac{4}{8} + \frac{2}{7} =$

$\frac{3}{9} + \frac{2}{7} =$ $\qquad$ $\frac{4}{9} + \frac{3}{8} =$

$\frac{1}{7} + \frac{3}{5} =$ $\qquad$ $\frac{1}{3} + \frac{2}{6} =$

$\frac{1}{5} + \frac{5}{7} =$ $\qquad$ $\frac{4}{9} + \frac{2}{5} =$

$\frac{1}{3} + \frac{1}{8} =$ $\qquad$ $\frac{2}{7} + \frac{2}{5} =$

$\frac{1}{3} + \frac{4}{7} =$ $\qquad$ $\frac{3}{7} + \frac{5}{9} =$

$\frac{1}{4} + \frac{1}{2} =$ $\qquad$ $\frac{3}{8} + \frac{1}{3} =$

$\frac{2}{7} + \frac{4}{9} =$ $\qquad$ $\frac{1}{6} + \frac{1}{7} =$

$\frac{1}{5} + \frac{3}{6} =$ $\qquad$ $\frac{2}{6} + \frac{1}{3} =$

$\frac{1}{2} + \frac{4}{8} =$ $\qquad$ $\frac{3}{9} + \frac{2}{8} =$

ACTIVITY 34

$\dfrac{3}{9} + \dfrac{2}{8} =$ $\qquad\qquad\qquad$ $\dfrac{1}{9} + \dfrac{1}{4} =$

$\dfrac{1}{4} + \dfrac{1}{9} =$ $\qquad\qquad\qquad$ $\dfrac{2}{8} + \dfrac{2}{4} =$

$\dfrac{1}{3} + \dfrac{1}{5} =$ $\qquad\qquad\qquad$ $\dfrac{1}{3} + \dfrac{4}{8} =$

$\dfrac{2}{7} + \dfrac{1}{3} =$ $\qquad\qquad\qquad$ $\dfrac{2}{5} + \dfrac{1}{2} =$

$\dfrac{1}{2} + \dfrac{1}{2} =$ $\qquad\qquad\qquad$ $\dfrac{2}{6} + \dfrac{2}{6} =$

$\dfrac{1}{4} + \dfrac{1}{2} =$ $\qquad\qquad\qquad$ $\dfrac{4}{9} + \dfrac{1}{9} =$

$\dfrac{2}{8} + \dfrac{2}{3} =$ $\qquad\qquad\qquad$ $\dfrac{2}{4} + \dfrac{3}{8} =$

$\dfrac{3}{8} + \dfrac{1}{6} =$ $\qquad\qquad\qquad$ $\dfrac{4}{8} + \dfrac{2}{9} =$

$\dfrac{1}{2} + \dfrac{3}{6} =$ $\qquad\qquad\qquad$ $\dfrac{2}{4} + \dfrac{1}{6} =$

$\dfrac{1}{2} + \dfrac{1}{5} =$ $\qquad\qquad\qquad$ $\dfrac{1}{4} + \dfrac{1}{4} =$

ACTIVITY 35

$\dfrac{1}{2} + \dfrac{2}{7} =$ $\qquad\qquad\qquad$ $\dfrac{1}{4} + \dfrac{4}{8} =$

$\dfrac{1}{5} + \dfrac{3}{8} =$ $\qquad\qquad\qquad$ $\dfrac{1}{6} + \dfrac{1}{6} =$

$\dfrac{1}{2} + \dfrac{1}{4} =$ $\qquad\qquad\qquad$ $\dfrac{1}{2} + \dfrac{1}{3} =$

$\dfrac{2}{5} + \dfrac{1}{3} =$ $\qquad\qquad\qquad$ $\dfrac{1}{3} + \dfrac{2}{7} =$

$\dfrac{4}{9} + \dfrac{3}{6} =$ $\qquad\qquad\qquad$ $\dfrac{3}{9} + \dfrac{1}{2} =$

$\dfrac{3}{6} + \dfrac{3}{7} =$ $\qquad\qquad\qquad$ $\dfrac{1}{5} + \dfrac{5}{8} =$

$\dfrac{2}{7} + \dfrac{1}{2} =$ $\qquad\qquad\qquad$ $\dfrac{3}{7} + \dfrac{1}{4} =$

$\dfrac{1}{2} + \dfrac{2}{4} =$ $\qquad\qquad\qquad$ $\dfrac{2}{5} + \dfrac{3}{8} =$

$\dfrac{1}{5} + \dfrac{2}{5} =$ $\qquad\qquad\qquad$ $\dfrac{2}{4} + \dfrac{2}{8} =$

$\dfrac{2}{5} + \dfrac{4}{8} =$ $\qquad\qquad\qquad$ $\dfrac{2}{8} + \dfrac{1}{4} =$

ACTIVITY 36

$\dfrac{2}{7} + \dfrac{1}{2} =$ $\qquad\qquad$ $\dfrac{2}{5} + \dfrac{1}{2} =$

$\dfrac{1}{2} + \dfrac{2}{7} =$ $\qquad\qquad$ $\dfrac{1}{4} + \dfrac{2}{3} =$

$\dfrac{1}{4} + \dfrac{5}{7} =$ $\qquad\qquad$ $\dfrac{1}{3} + \dfrac{6}{9} =$

$\dfrac{2}{6} + \dfrac{5}{9} =$ $\qquad\qquad$ $\dfrac{3}{6} + \dfrac{2}{6} =$

$\dfrac{2}{5} + \dfrac{1}{8} =$ $\qquad\qquad$ $\dfrac{1}{2} + \dfrac{2}{4} =$

$\dfrac{1}{6} + \dfrac{2}{6} =$ $\qquad\qquad$ $\dfrac{4}{9} + \dfrac{4}{9} =$

$\dfrac{2}{9} + \dfrac{2}{5} =$ $\qquad\qquad$ $\dfrac{2}{9} + \dfrac{2}{4} =$

$\dfrac{2}{4} + \dfrac{1}{4} =$ $\qquad\qquad$ $\dfrac{1}{2} + \dfrac{4}{9} =$

$\dfrac{1}{3} + \dfrac{1}{9} =$ $\qquad\qquad$ $\dfrac{1}{3} + \dfrac{2}{3} =$

$\dfrac{1}{2} + \dfrac{2}{5} =$ $\qquad\qquad$ $\dfrac{2}{5} + \dfrac{3}{8} =$

LET'S TRY ANOTHER MATH GAME!

How to open the safe:

The code of the safe is 100.
You can only press 3 buttons.
The sum of the numbers on the buttons must add up to exactly 100.
You are not allowed to shade a button twice.

Shade the buttons that add up to the correct combination.

Good luck!

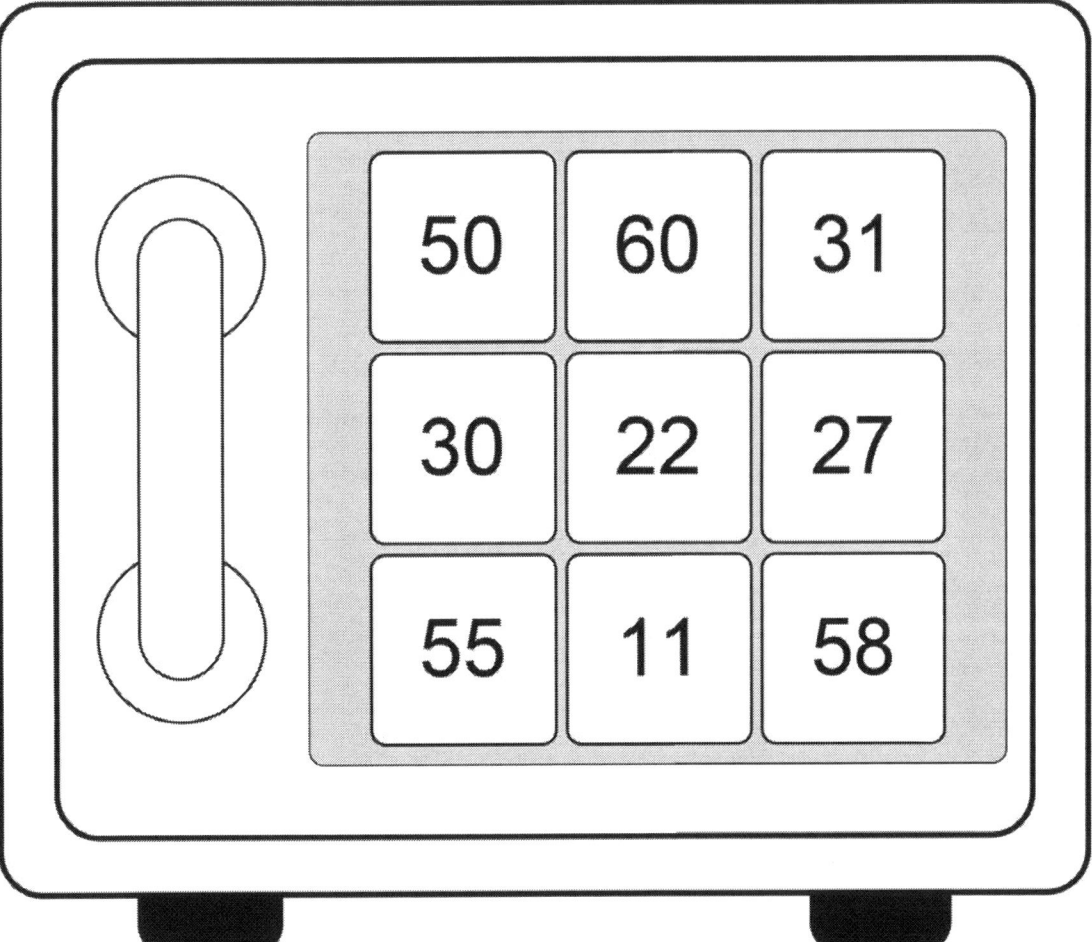

ACTIVITY 1

How to open the safe:

The code of the safe is 100.
You can only press 3 buttons.
The sum of the numbers on the buttons must add up to exactly 100.
You are not allowed to shade a button twice.

Shade the buttons that add up to the correct combination.

Good luck!

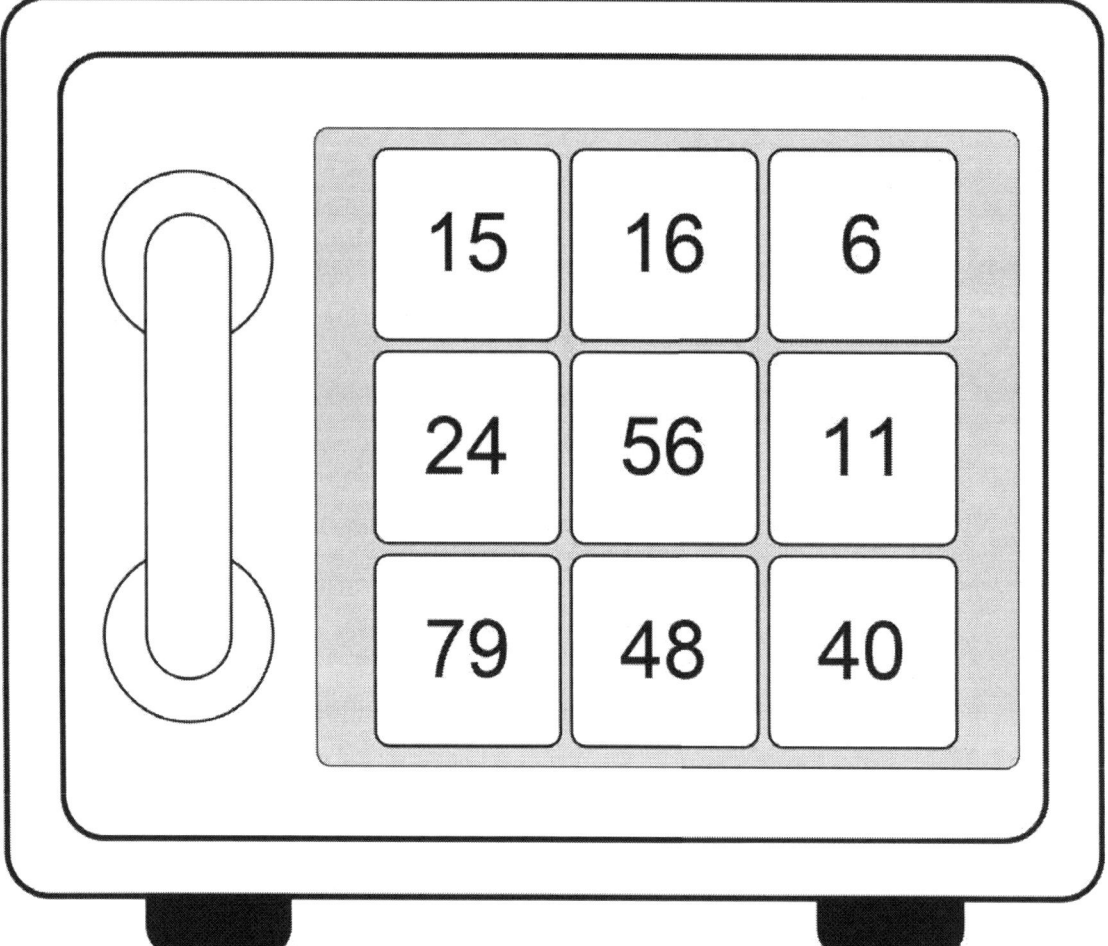

ACTIVITY 2

How to open the safe:

The code of the safe is 100.
You can only press 3 buttons.
The sum of the numbers on the buttons must add up to exactly 100.
You are not allowed to shade a button twice.

Shade the buttons that add up to the correct combination.

Good luck!

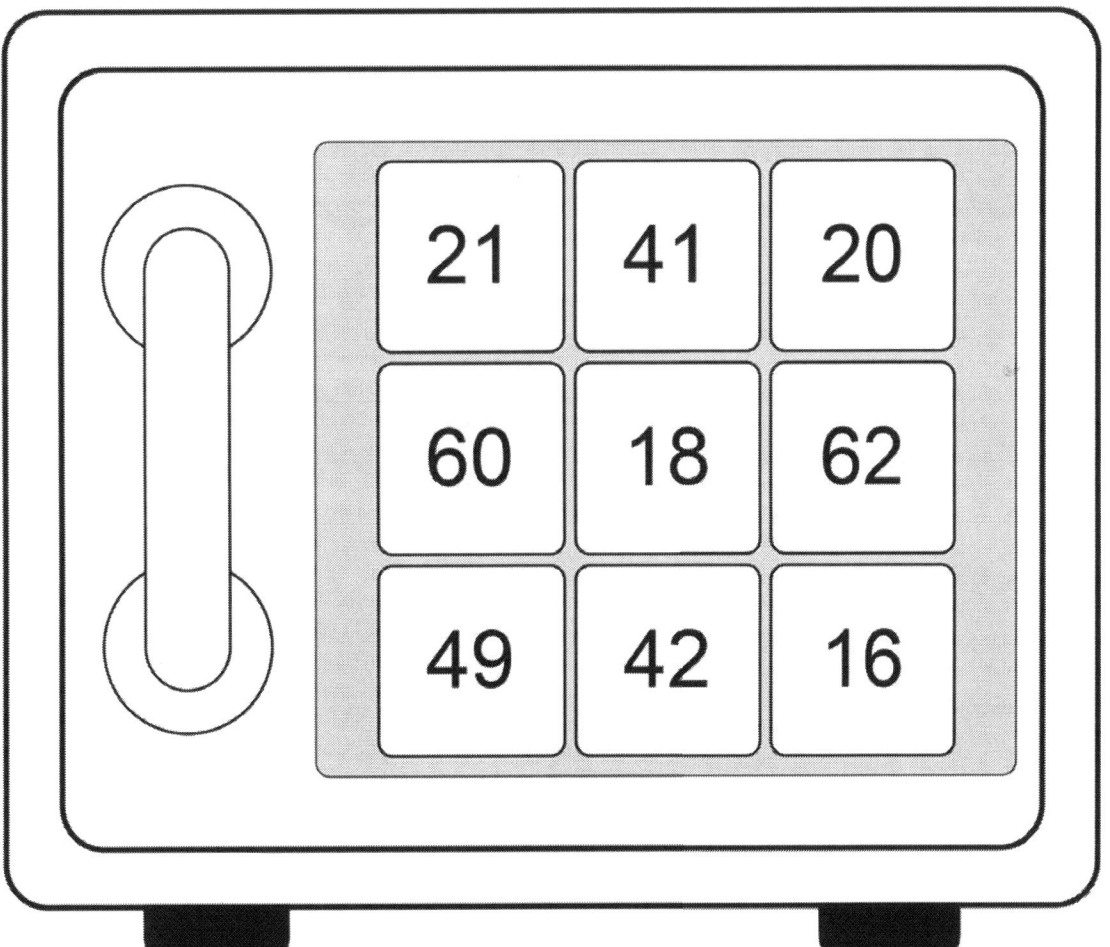

ACTIVITY 3

How to open the safe:

The code of the safe is 100.
You can only press 3 buttons.
The sum of the numbers on the buttons must add up to exactly 100.
You are not allowed to shade a button twice.

Shade the buttons that add up to the correct combination.

Good luck!

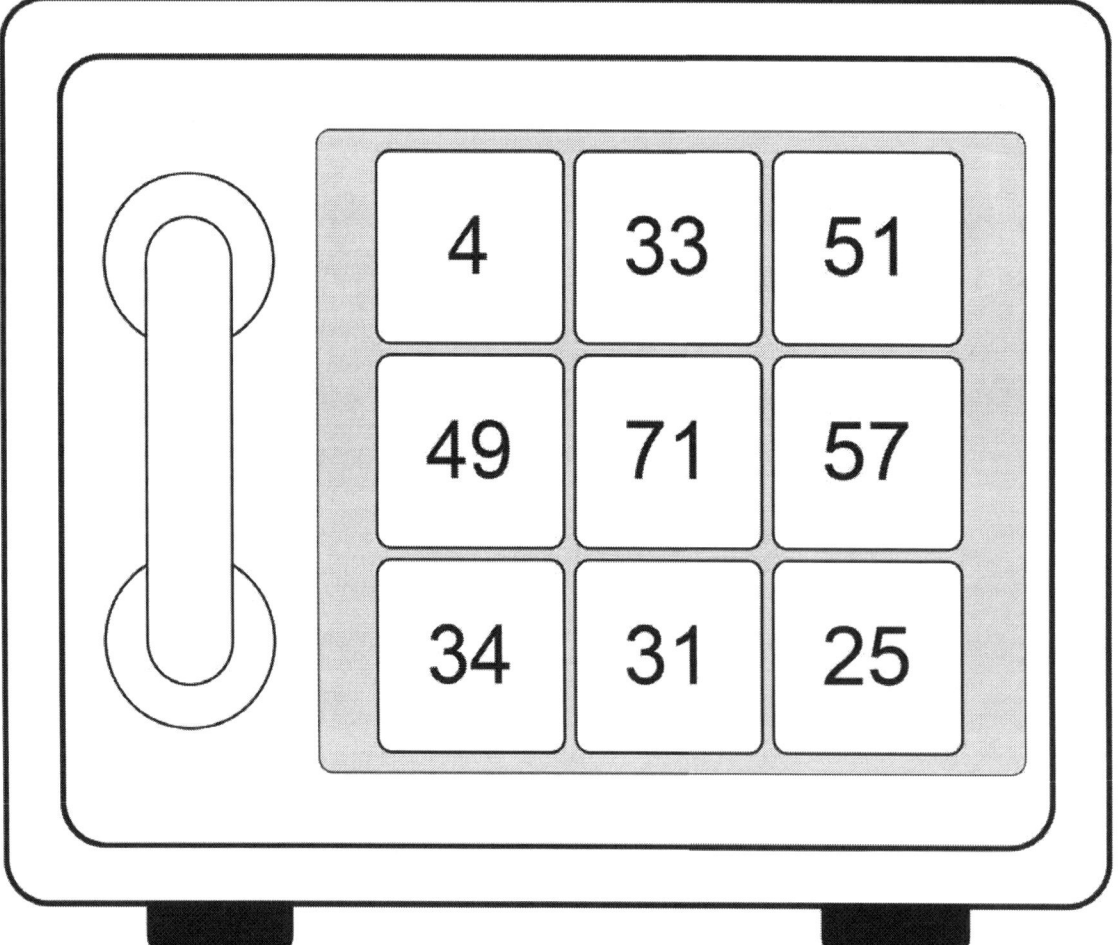

ACTIVITY 4

How to open the safe:

The code of the safe is 100.
You can only press 3 buttons.
The sum of the numbers on the buttons must add up to exactly 100.
You are not allowed to shade a button twice.

Shade the buttons that add up to the correct combination.

Good luck!

ACTIVITY 5

How to open the safe:

The code of the safe is 100.
You can only press 3 buttons.
The sum of the numbers on the buttons must add up to exactly 100.
You are not allowed to shade a button twice.

Shade the buttons that add up to the correct combination.

Good luck!

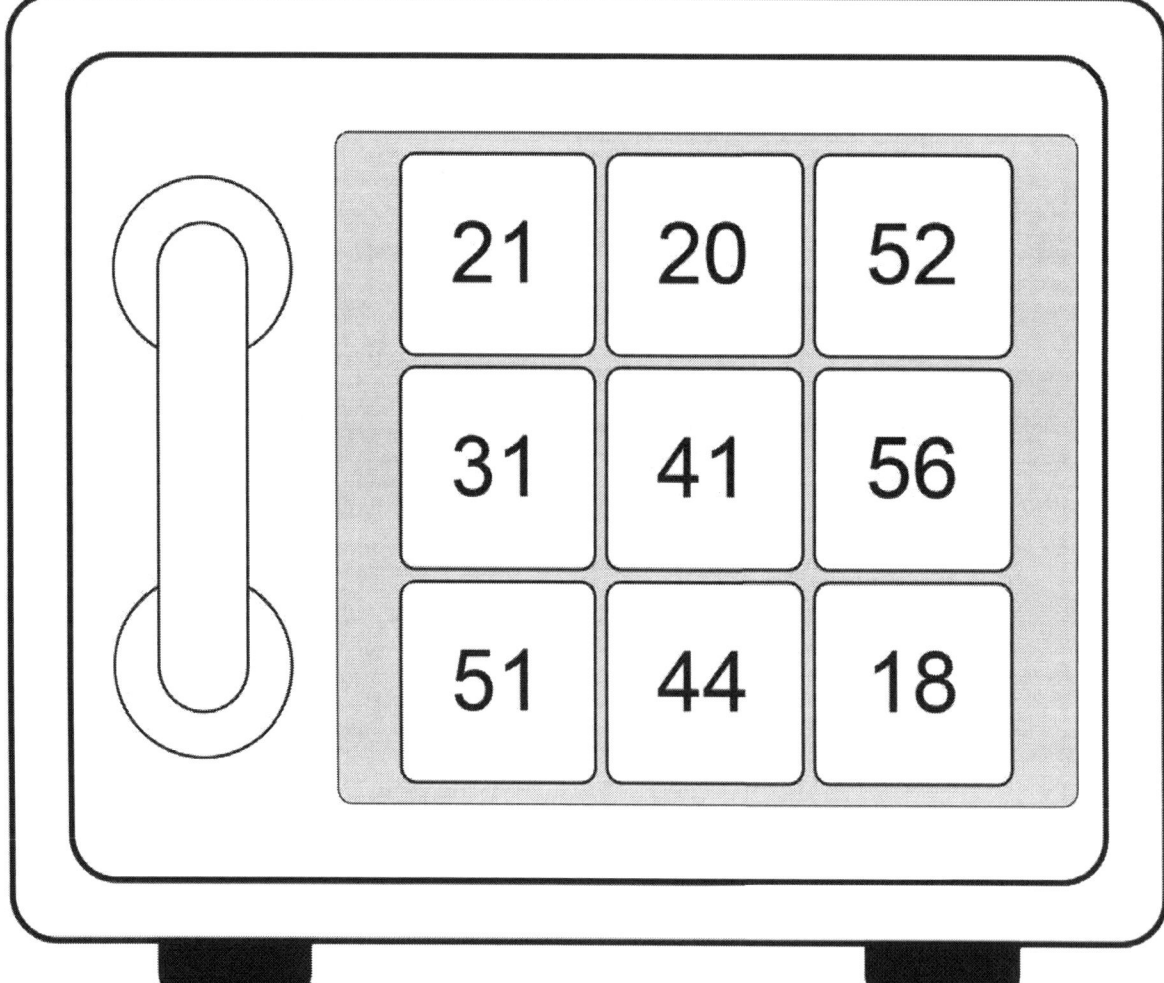

ACTIVITY 6

How to open the safe:

The code of the safe is 100.
You can only press 3 buttons.
The sum of the numbers on the buttons must add up to exactly 100.
You are not allowed to shade a button twice.

Shade the buttons that add up to the correct combination.

Good luck!

ACTIVITY 7

How to open the safe:

The code of the safe is 100.
You can only press 3 buttons.
The sum of the numbers on the buttons must add up to exactly 100.
You are not allowed to shade a button twice.

Shade the buttons that add up to the correct combination.

Good luck!

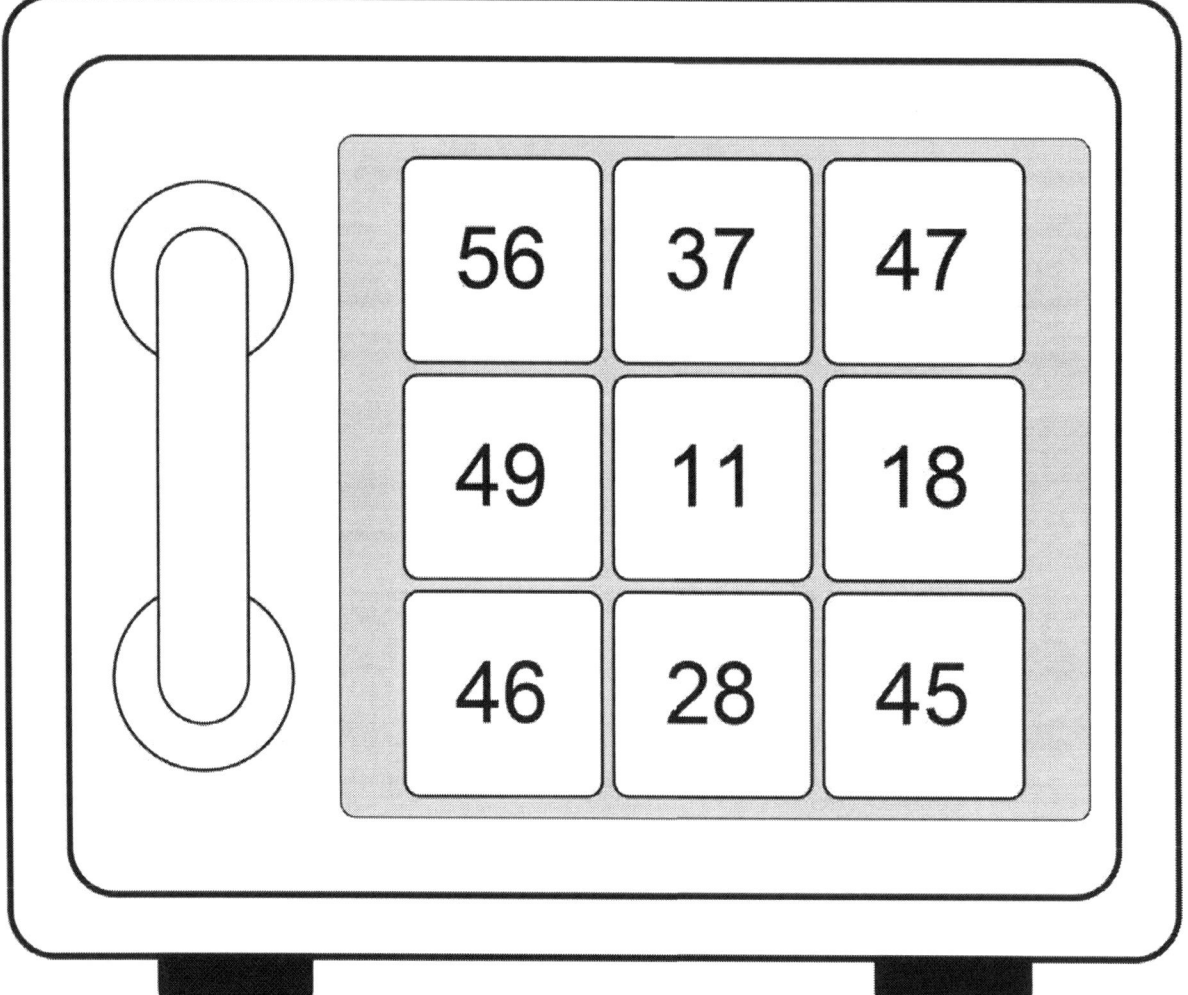

ACTIVITY 8

How to open the safe:

The code of the safe is 100.
You can only press 3 buttons.
The sum of the numbers on the buttons must add up to exactly 100.
You are not allowed to shade a button twice.

Shade the buttons that add up to the correct combination.

Good luck!

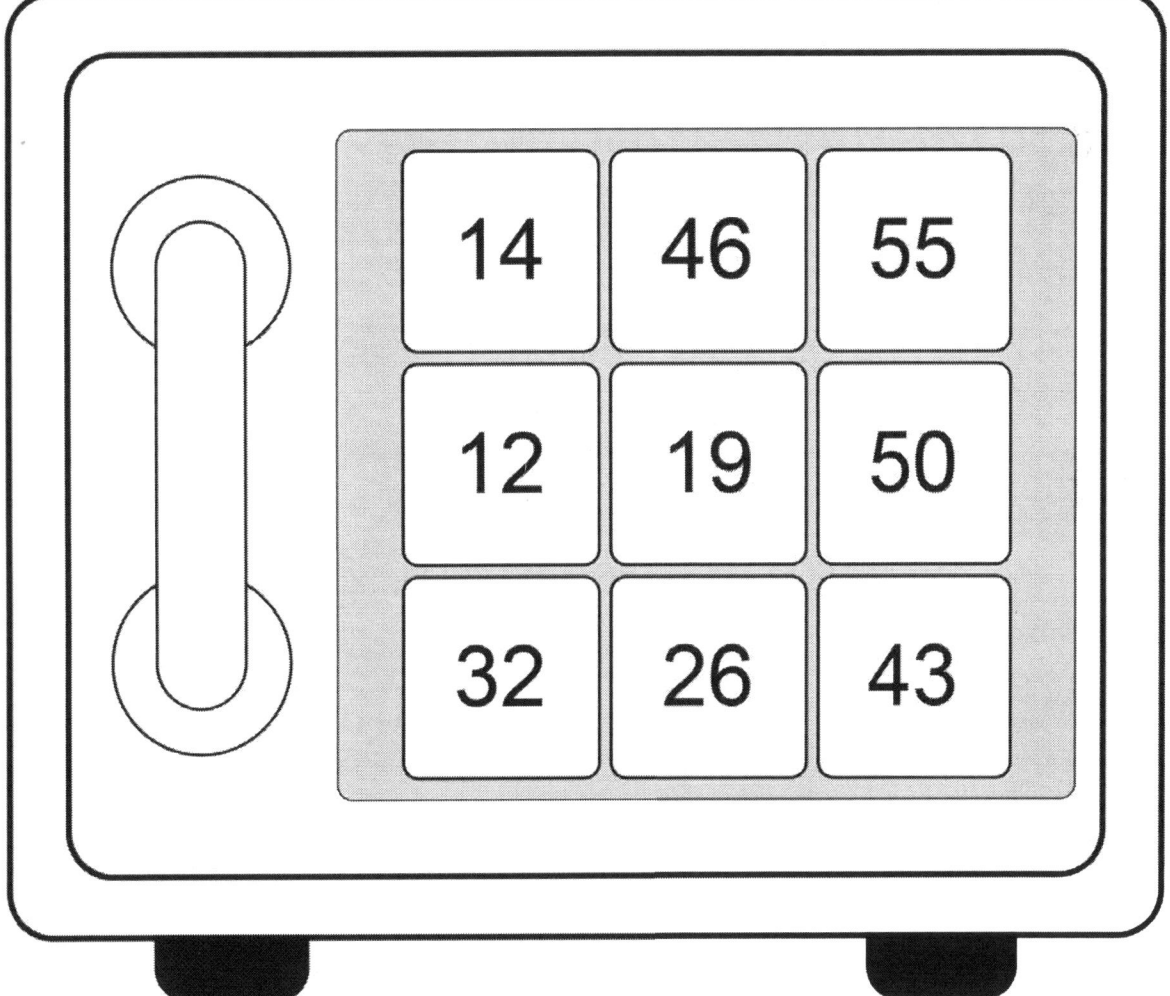

ACTIVITY 9

How to open the safe:

The code of the safe is 100.
You can only press 3 buttons.
The sum of the numbers on the buttons must add up to exactly 100.
You are not allowed to shade a button twice.

Shade the buttons that add up to the correct combination.

Good luck!

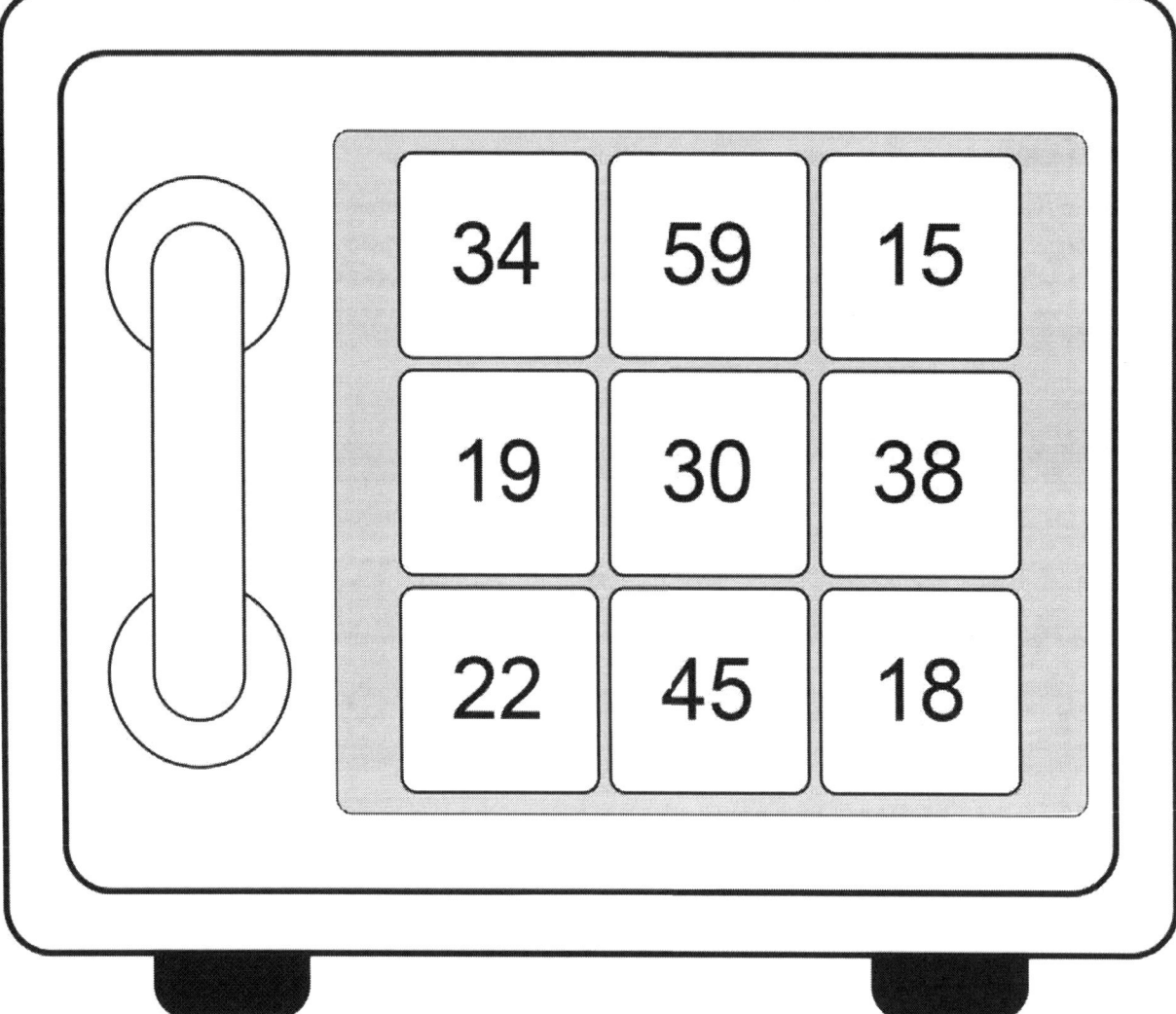

ACTIVITY 10

How to open the safe:

The code of the safe is 100.
You can only press 3 buttons.
The sum of the numbers on the buttons must add up to exactly 100.
You are not allowed to shade a button twice.

Shade the buttons that add up to the correct combination.

Good luck!

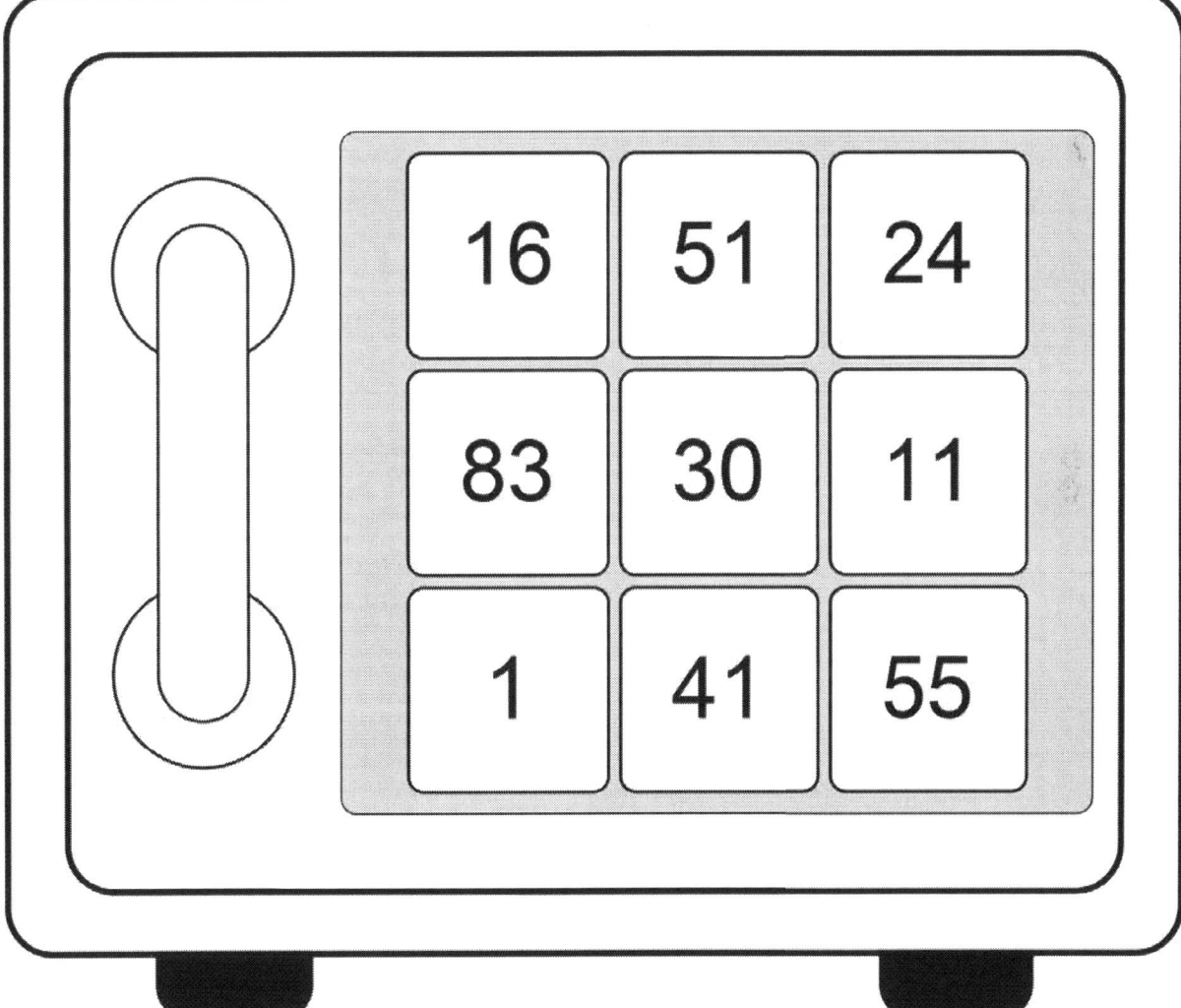

ACTIVITY 11

How to open the safe:

The code of the safe is 100.
You can only press 3 buttons.
The sum of the numbers on the buttons must add up to exactly 100.
You are not allowed to shade a button twice.

Shade the buttons that add up to the correct combination.

Good luck!

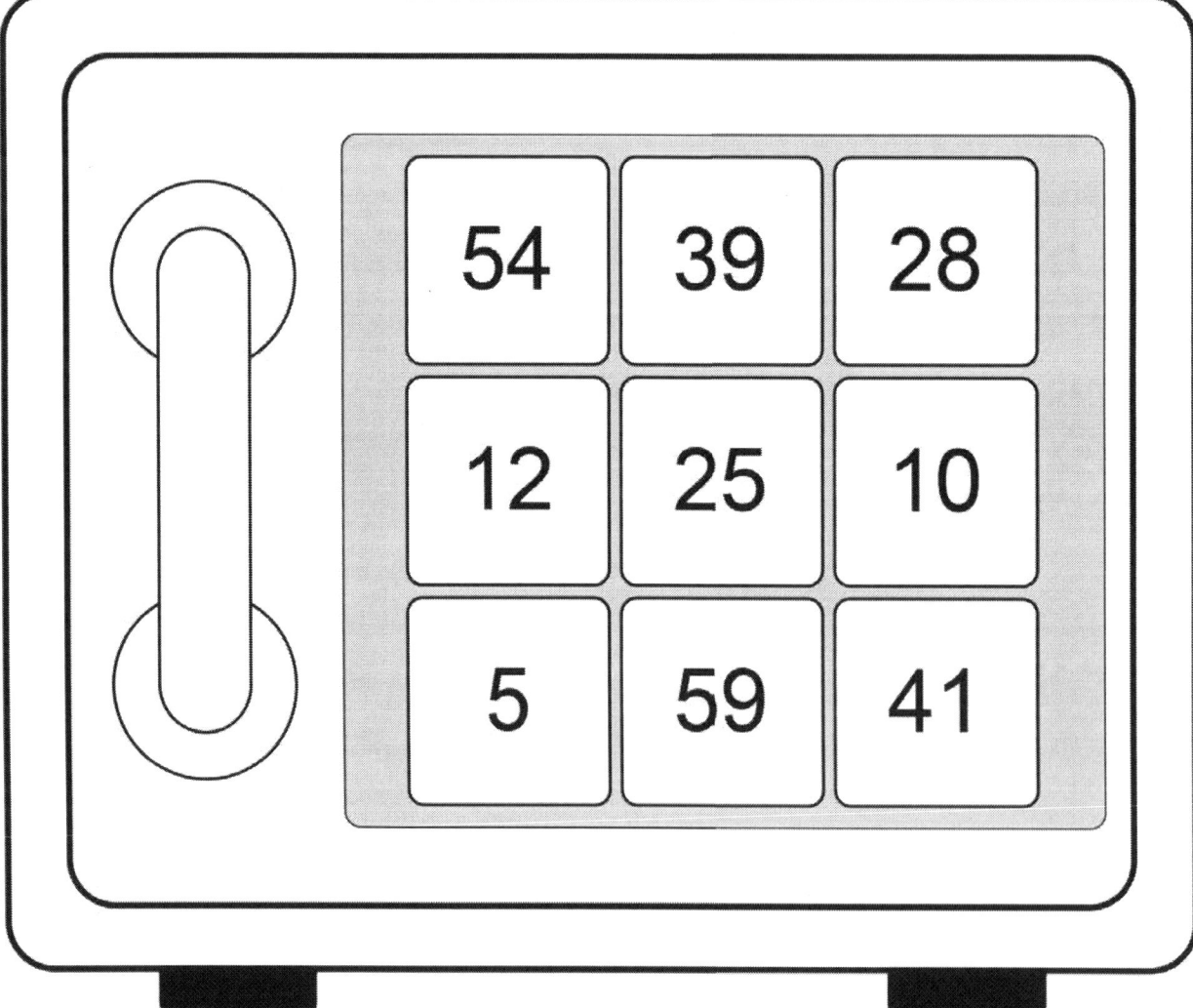

ACTIVITY 12

How to open the safe:

The code of the safe is 100.
You can only press 3 buttons.
The sum of the numbers on the buttons must add up to exactly 100.
You are not allowed to shade a button twice.

Shade the buttons that add up to the correct combination.

Good luck!

ACTIVITY 13

How to open the safe:

The code of the safe is 100.
You can only press 3 buttons.
The sum of the numbers on the buttons must add up to exactly 100.
You are not allowed to shade a button twice.

Shade the buttons that add up to the correct combination.

Good luck!

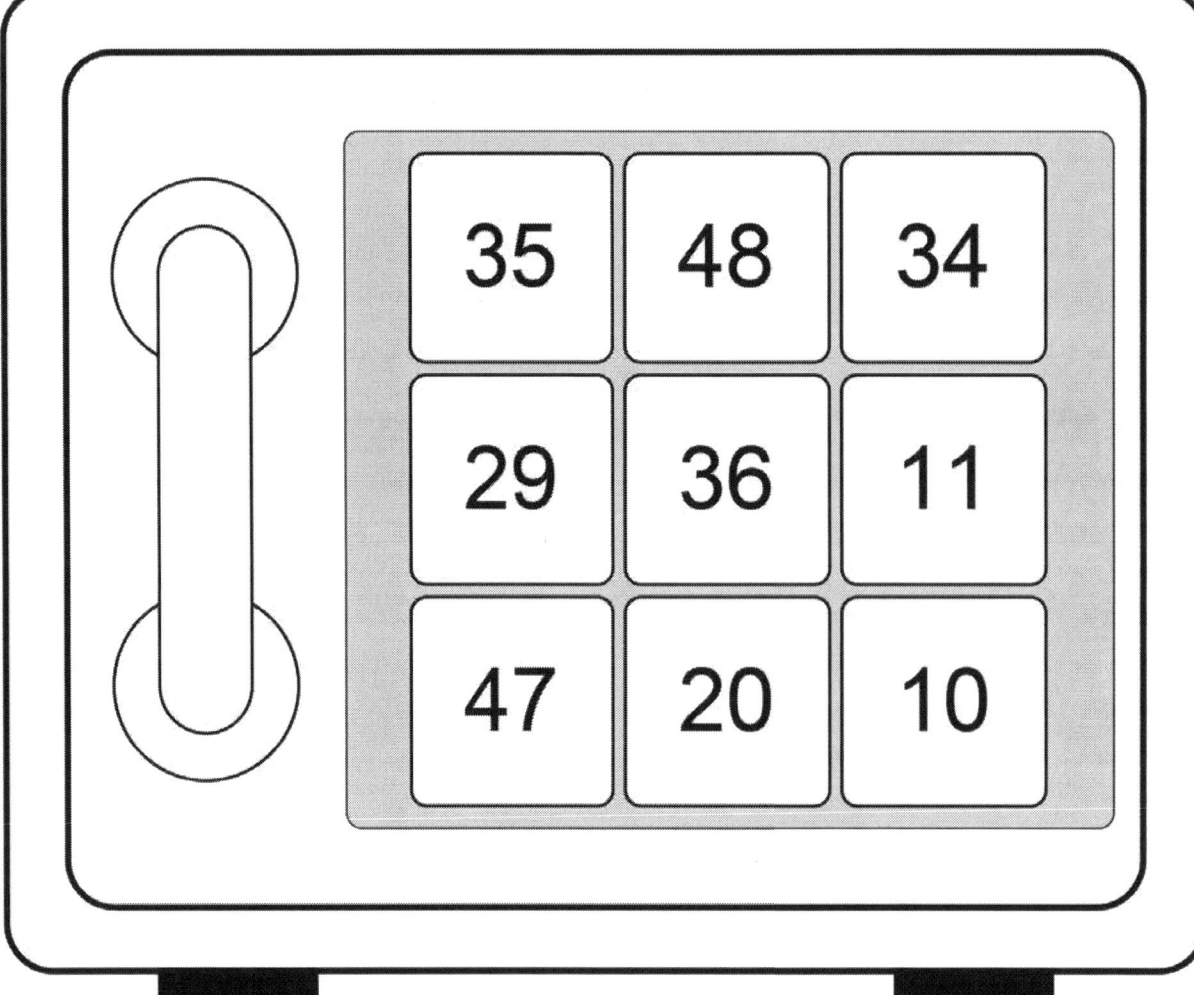

ACTIVITY 14

How to open the safe:

The code of the safe is 100.
You can only press 3 buttons.
The sum of the numbers on the buttons must add up to exactly 100.
You are not allowed to shade a button twice.

Shade the buttons that add up to the correct combination.

Good luck!

ACTIVITY 15

How to open the safe:

The code of the safe is 100.
You can only press 3 buttons.
The sum of the numbers on the buttons must add up to exactly 100.
You are not allowed to shade a button twice.

Shade the buttons that add up to the correct combination.

Good luck!

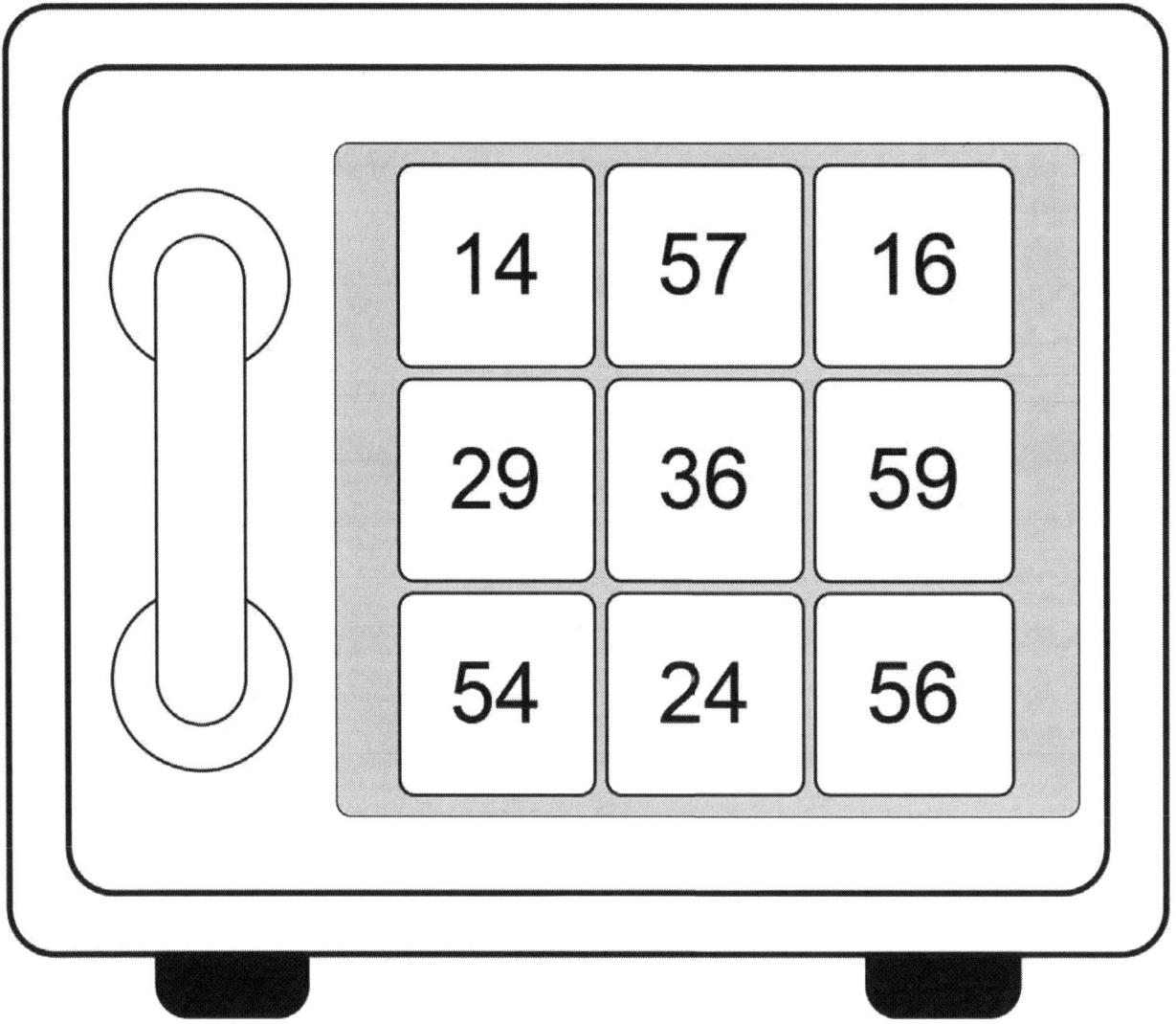

ACTIVITY 16

How to open the safe:

The code of the safe is 100.
You can only press 3 buttons.
The sum of the numbers on the buttons must add up to exactly 100.
You are not allowed to shade a button twice.

Shade the buttons that add up to the correct combination.

Good luck!

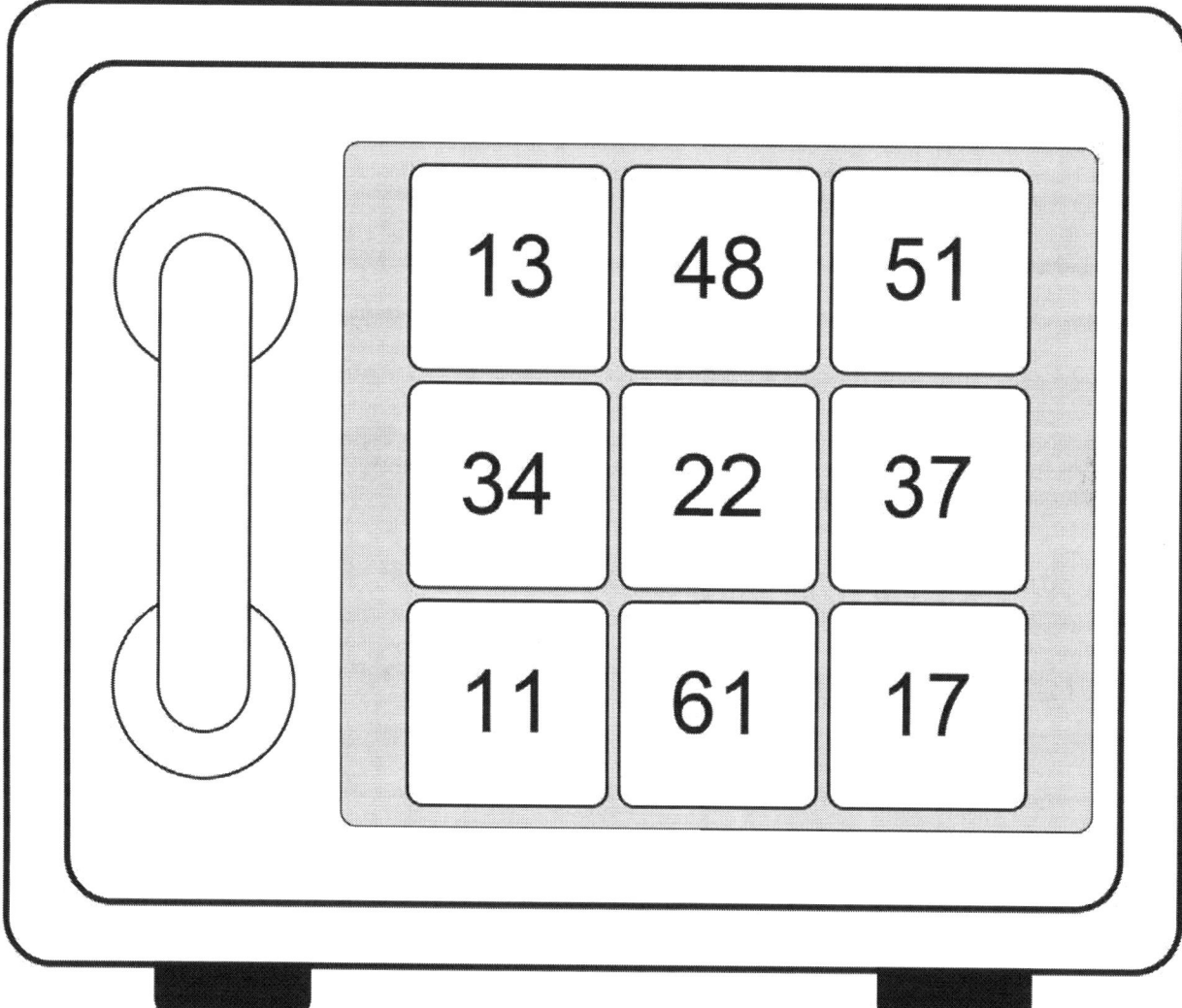

ACTIVITY 17

How to open the safe:

The code of the safe is 100.
You can only press 3 buttons.
The sum of the numbers on the buttons must add up to exactly 100.
You are not allowed to shade a button twice.

Shade the buttons that add up to the correct combination.

Good luck!

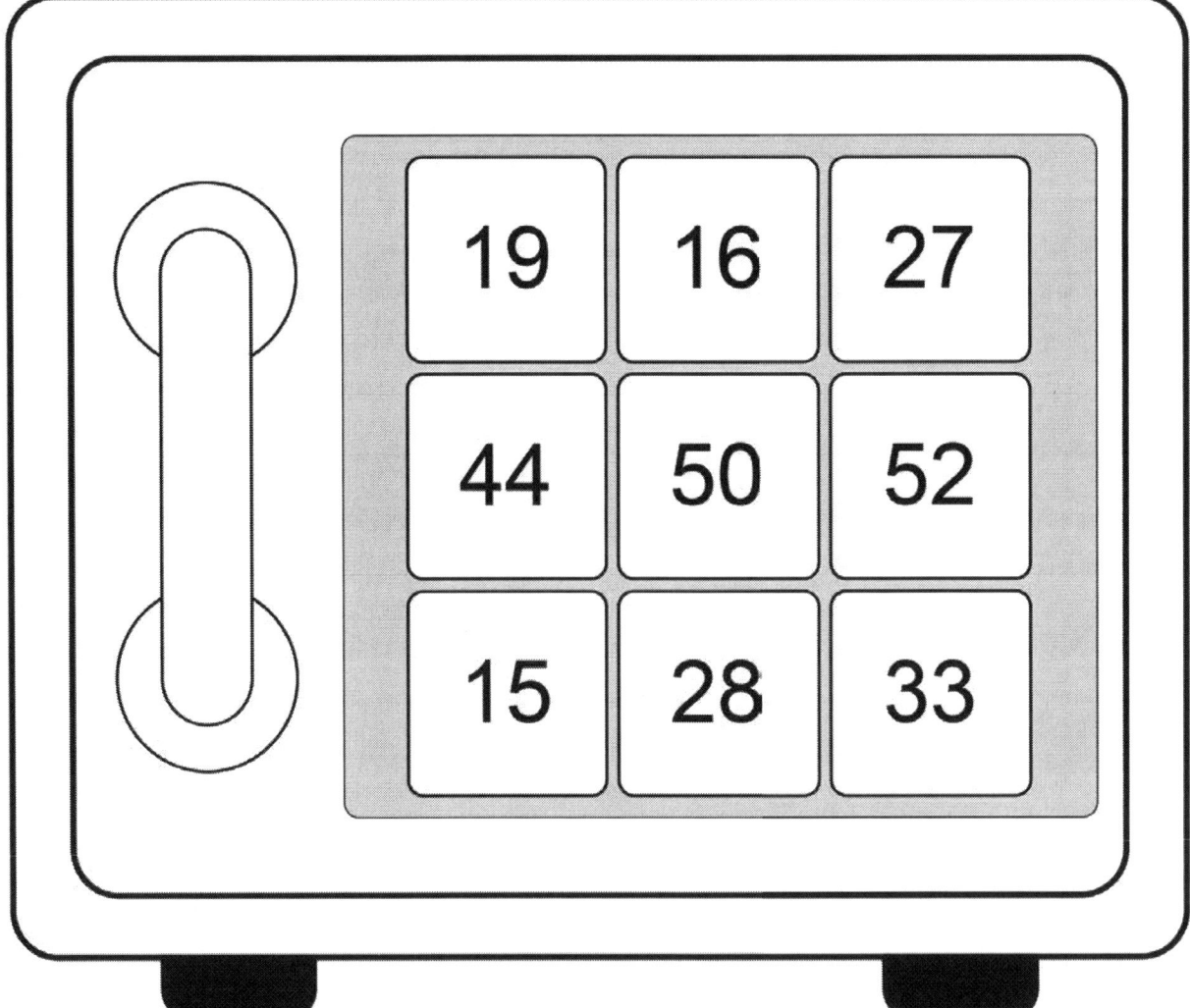

ACTIVITY 18

HOW TO OPEN THE SAFE:

THE CODE OF THE SAFE IS 100.
YOU CAN ONLY PRESS 3 BUTTONS.
THE SUM OF THE NUMBERS ON THE BUTTONS MUST ADD UP TO EXACTLY 100.
YOU ARE NOT ALLOWED TO SHADE A BUTTON TWICE.

SHADE THE BUTTONS THAT ADD UP TO THE CORRECT COMBINATION.

GOOD LUCK!

ACTIVITY 19

HOW TO OPEN THE SAFE:

THE CODE OF THE SAFE IS 100.
YOU CAN ONLY PRESS 3 BUTTONS.
THE SUM OF THE NUMBERS ON THE BUTTONS MUST ADD UP TO EXACTLY 100.
YOU ARE NOT ALLOWED TO SHADE A BUTTON TWICE.

SHADE THE BUTTONS THAT ADD UP TO THE CORRECT COMBINATION.

GOOD LUCK!

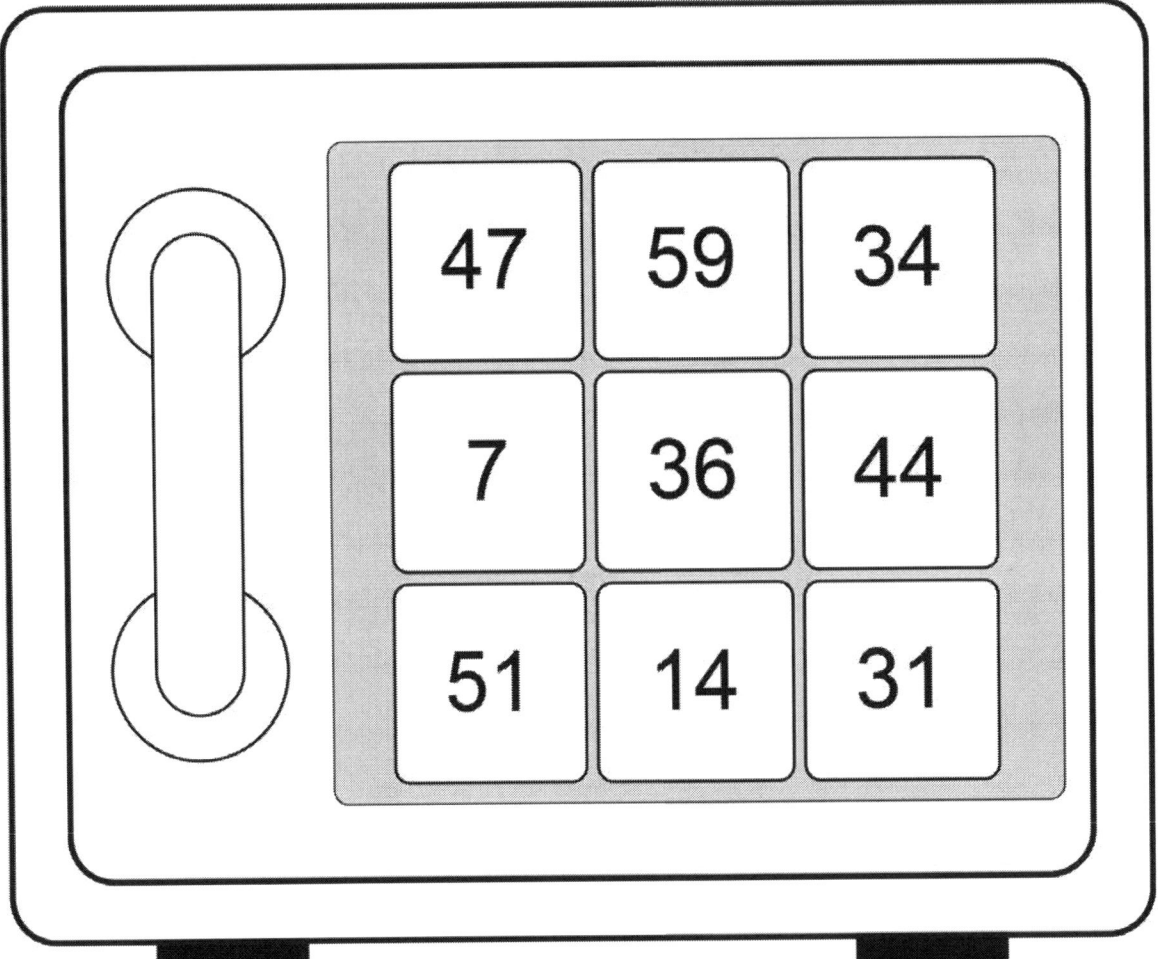

ACTIVITY 20

HOW TO OPEN THE SAFE:

THE CODE OF THE SAFE IS 100.
YOU CAN ONLY PRESS 3 BUTTONS.
THE SUM OF THE NUMBERS ON THE BUTTONS MUST ADD UP TO EXACTLY 100.
YOU ARE NOT ALLOWED TO SHADE A BUTTON TWICE.

SHADE THE BUTTONS THAT ADD UP TO THE CORRECT COMBINATION.

GOOD LUCK!

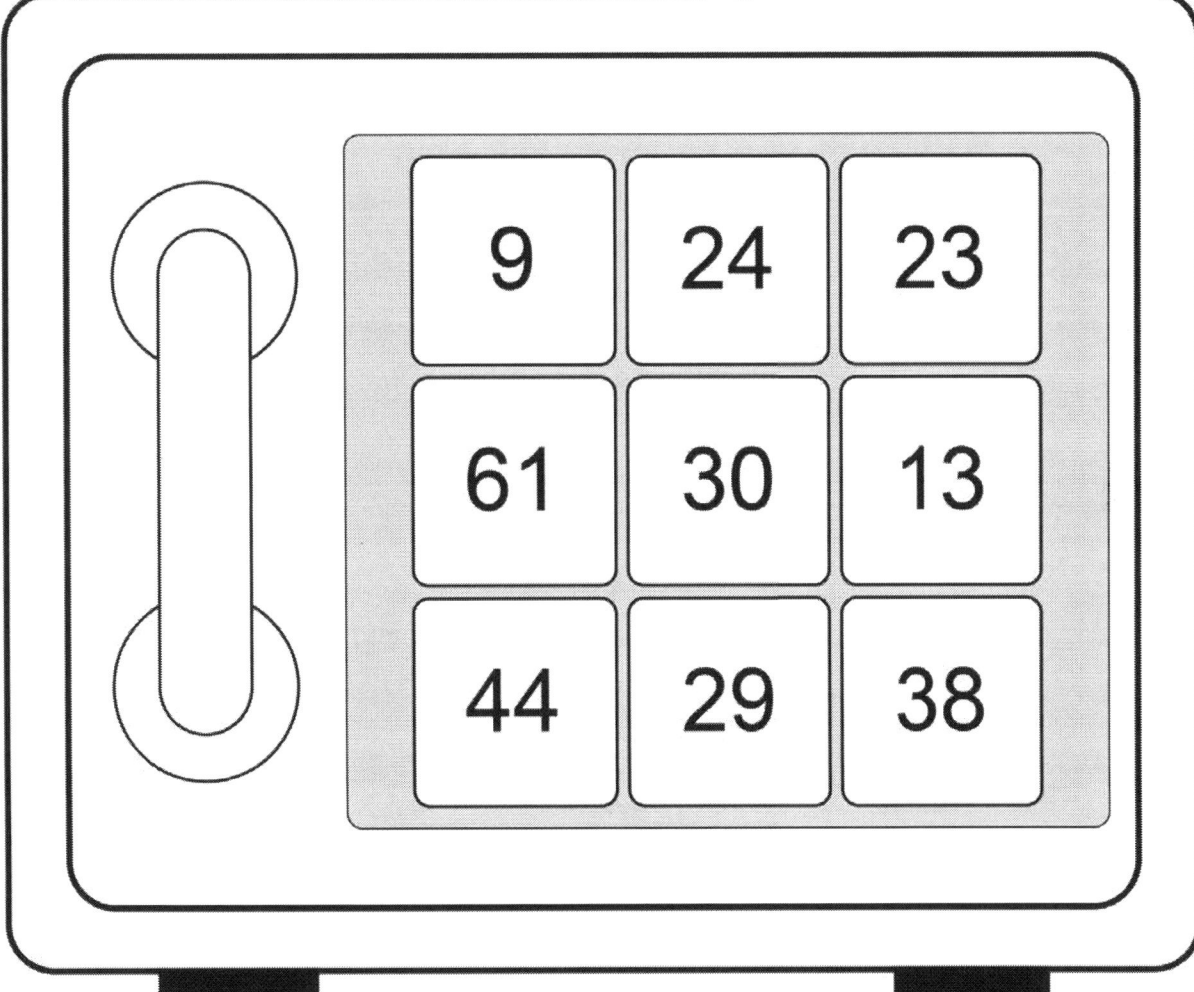

ACTIVITY 21

HOW TO OPEN THE SAFE:

THE CODE OF THE SAFE IS 100.
YOU CAN ONLY PRESS 3 BUTTONS.
THE SUM OF THE NUMBERS ON THE BUTTONS MUST ADD UP TO EXACTLY 100.
YOU ARE NOT ALLOWED TO SHADE A BUTTON TWICE.

SHADE THE BUTTONS THAT ADD UP TO THE CORRECT COMBINATION.

GOOD LUCK!

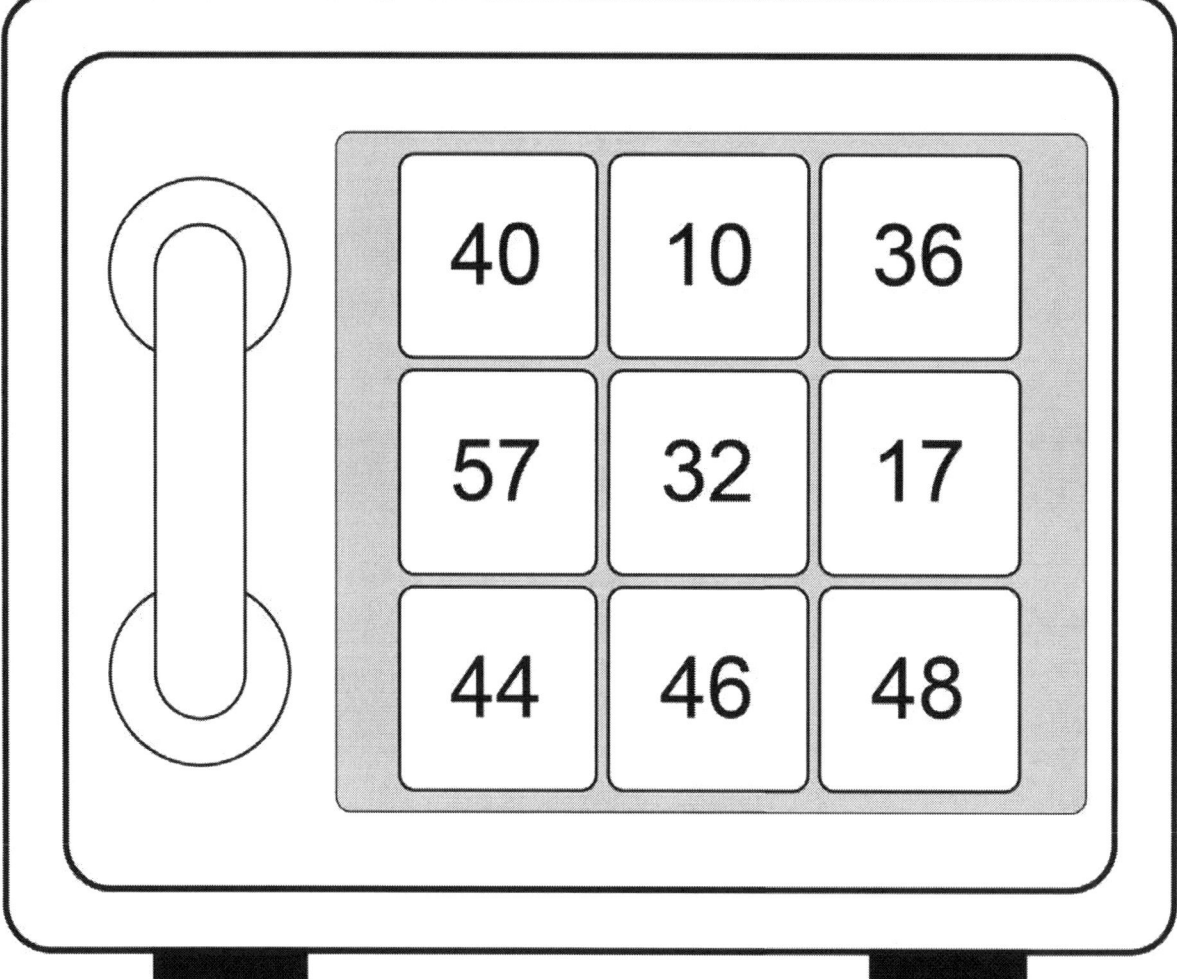

ACTIVITY 22

HOW TO OPEN THE SAFE:

THE CODE OF THE SAFE IS 100.
YOU CAN ONLY PRESS 3 BUTTONS.
THE SUM OF THE NUMBERS ON THE BUTTONS MUST ADD UP TO EXACTLY 100.
YOU ARE NOT ALLOWED TO SHADE A BUTTON TWICE.

SHADE THE BUTTONS THAT ADD UP TO THE CORRECT COMBINATION.

GOOD LUCK!

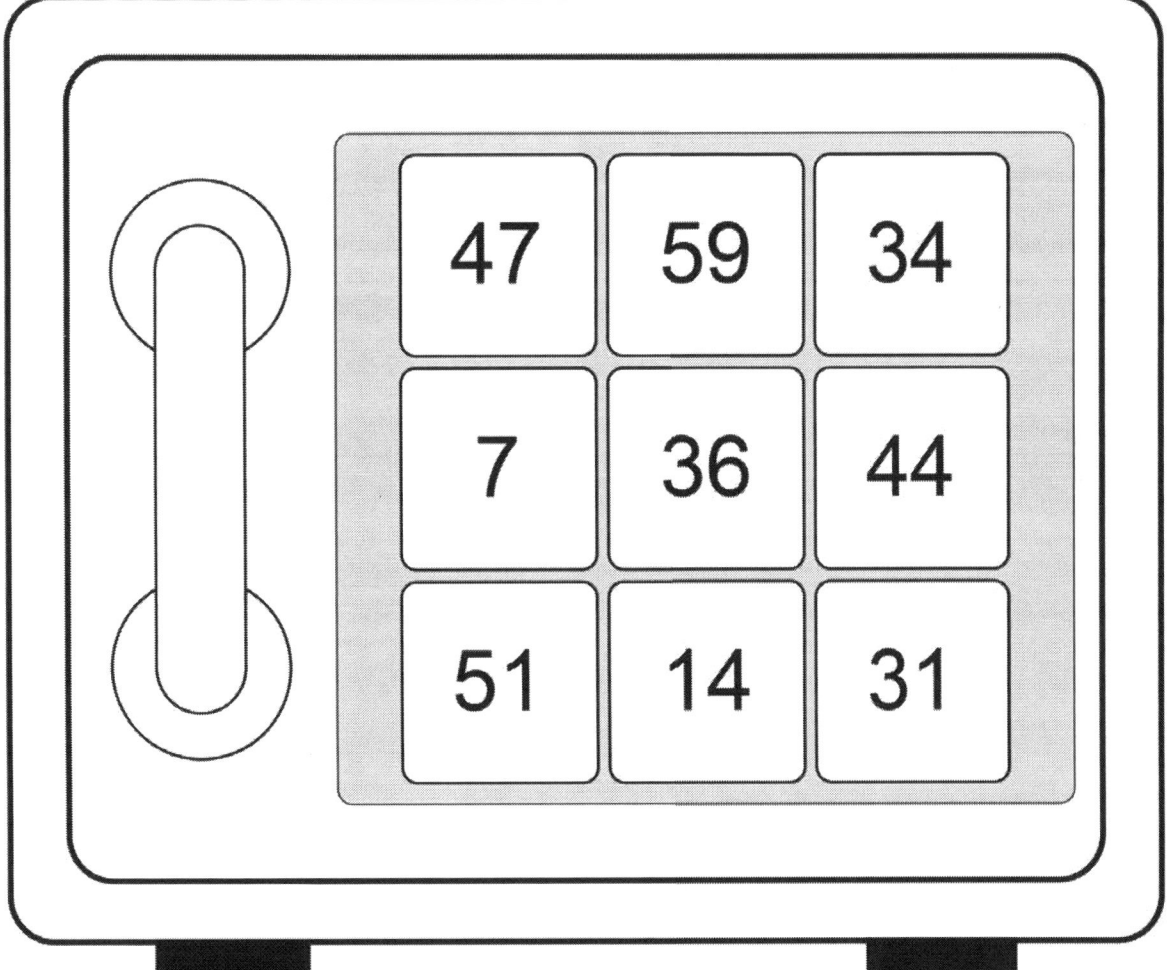

ACTIVITY 23

HOW TO OPEN THE SAFE:

THE CODE OF THE SAFE IS 100.
YOU CAN ONLY PRESS 3 BUTTONS.
THE SUM OF THE NUMBERS ON THE BUTTONS MUST ADD UP TO EXACTLY 100.
YOU ARE NOT ALLOWED TO SHADE A BUTTON TWICE.

SHADE THE BUTTONS THAT ADD UP TO THE CORRECT COMBINATION.

GOOD LUCK!

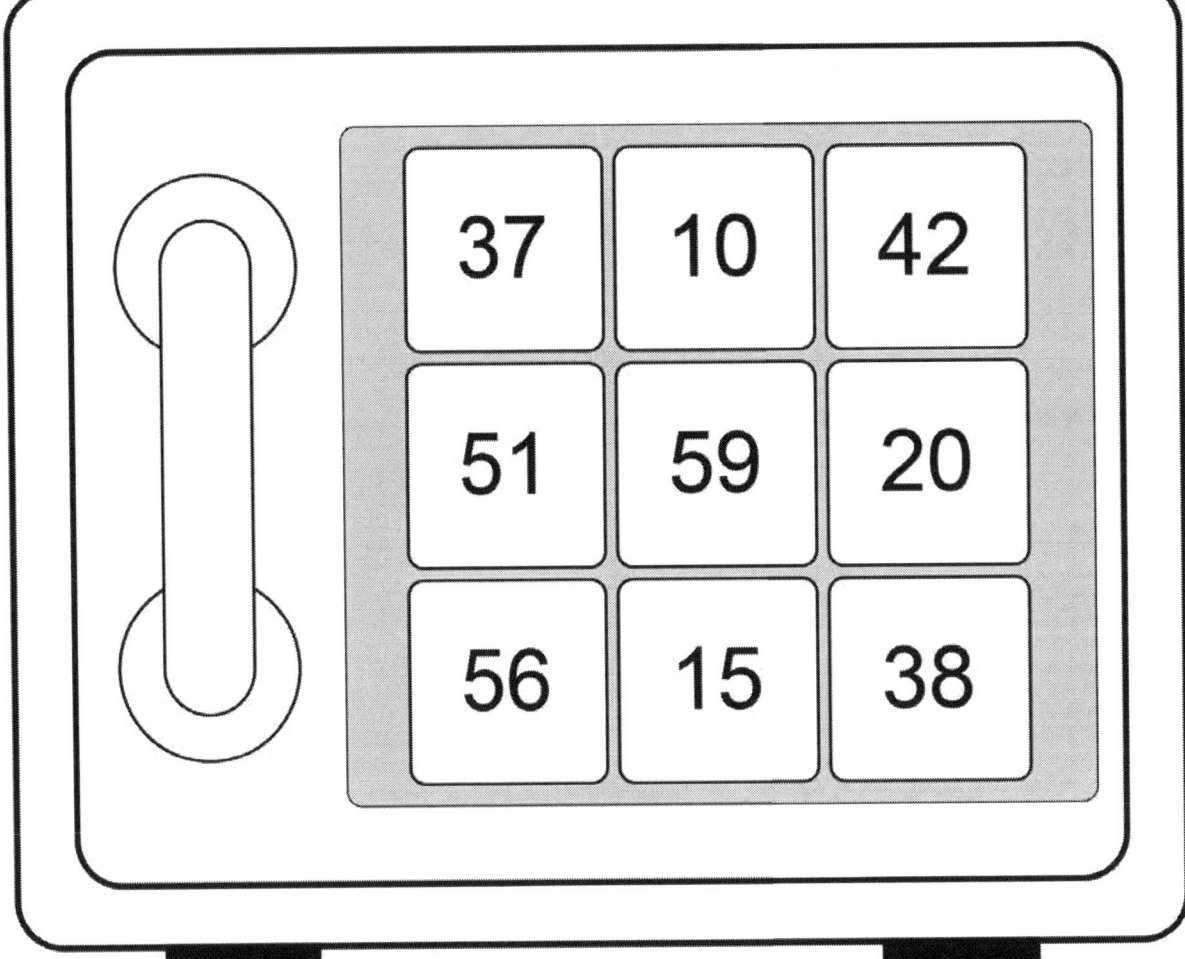

ACTIVITY 24

HOW TO OPEN THE SAFE:

THE CODE OF THE SAFE IS 100.
YOU CAN ONLY PRESS 3 BUTTONS.
THE SUM OF THE NUMBERS ON THE BUTTONS MUST ADD UP TO EXACTLY 100.
YOU ARE NOT ALLOWED TO SHADE A BUTTON TWICE.

SHADE THE BUTTONS THAT ADD UP TO THE CORRECT COMBINATION.

GOOD LUCK!

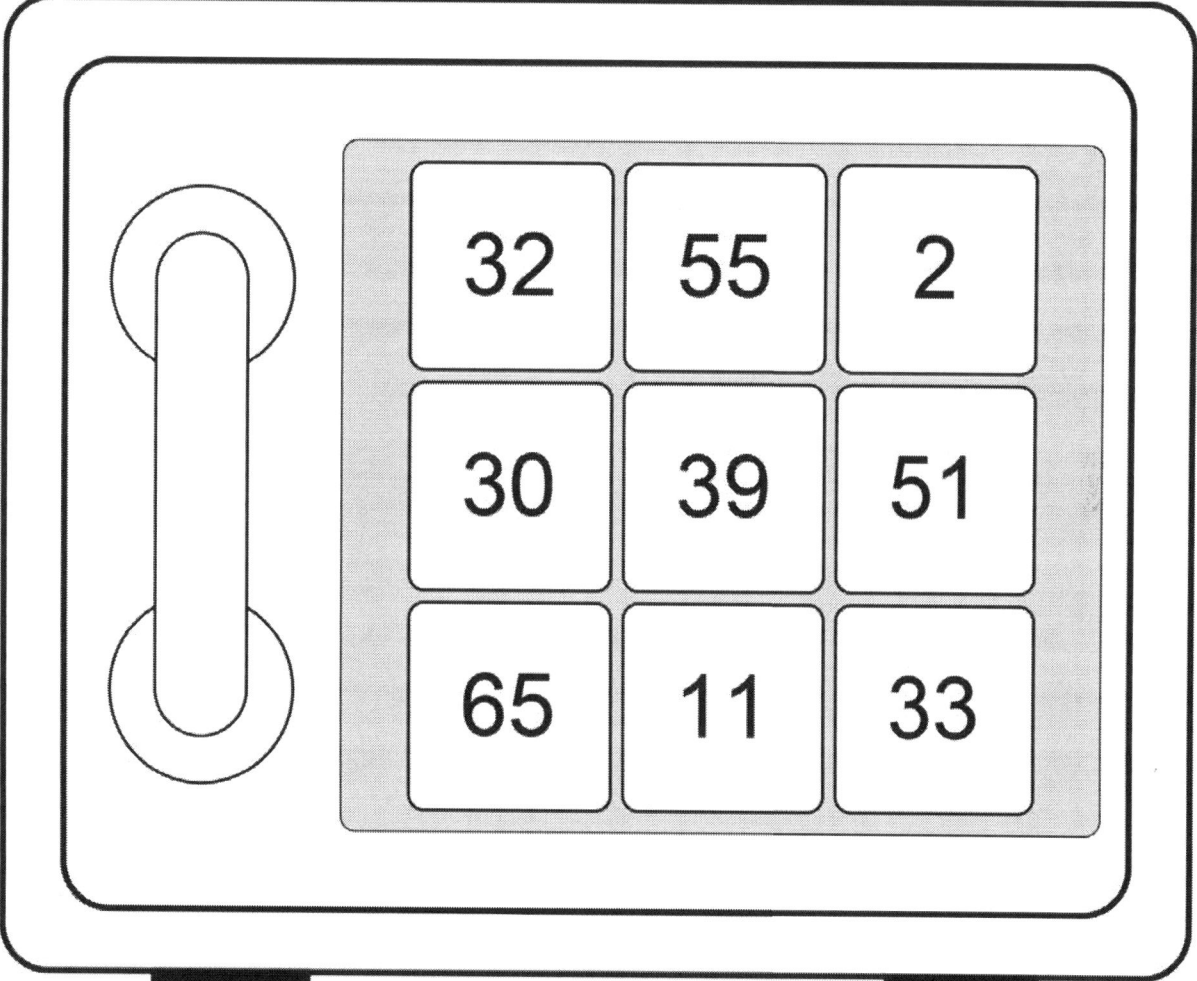

ACTIVITY 25

HOW TO OPEN THE SAFE:

THE CODE OF THE SAFE IS 100.
YOU CAN ONLY PRESS 3 BUTTONS.
THE SUM OF THE NUMBERS ON THE BUTTONS MUST ADD UP TO EXACTLY 100.
YOU ARE NOT ALLOWED TO SHADE A BUTTON TWICE.

SHADE THE BUTTONS THAT ADD UP TO THE CORRECT COMBINATION.

GOOD LUCK!

ACTIVITY 26

How to open the safe:

The code of the safe is 100.
You can only press 3 buttons.
The sum of the numbers on the buttons must add up to exactly 100.
You are not allowed to shade a button twice.

Shade the buttons that add up to the correct combination.

Good luck!

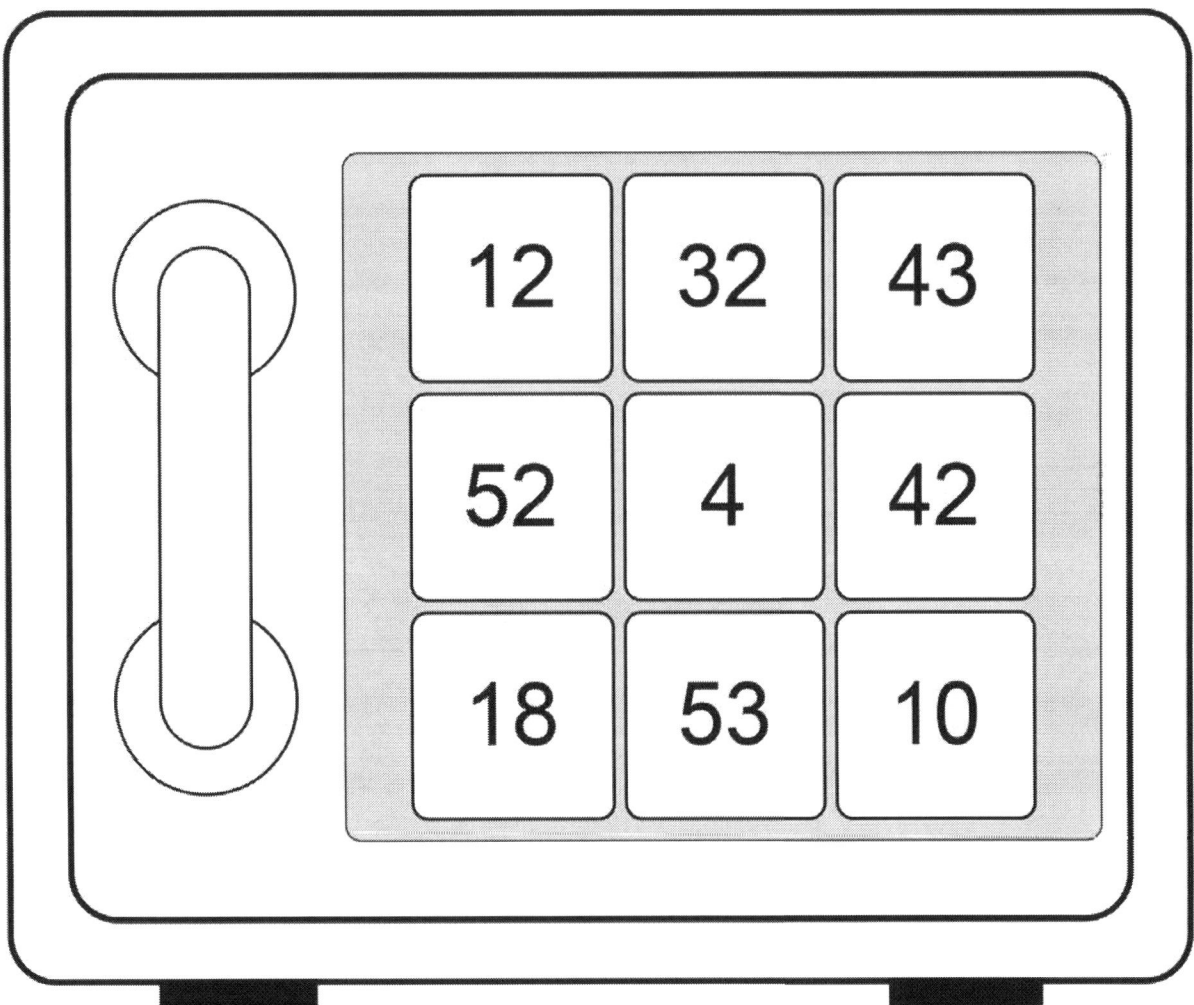

ACTIVITY 27

HOW TO OPEN THE SAFE:

THE CODE OF THE SAFE IS 100.
YOU CAN ONLY PRESS 3 BUTTONS.
THE SUM OF THE NUMBERS ON THE BUTTONS MUST ADD UP TO EXACTLY 100.
YOU ARE NOT ALLOWED TO SHADE A BUTTON TWICE.

SHADE THE BUTTONS THAT ADD UP TO THE CORRECT COMBINATION.

GOOD LUCK!

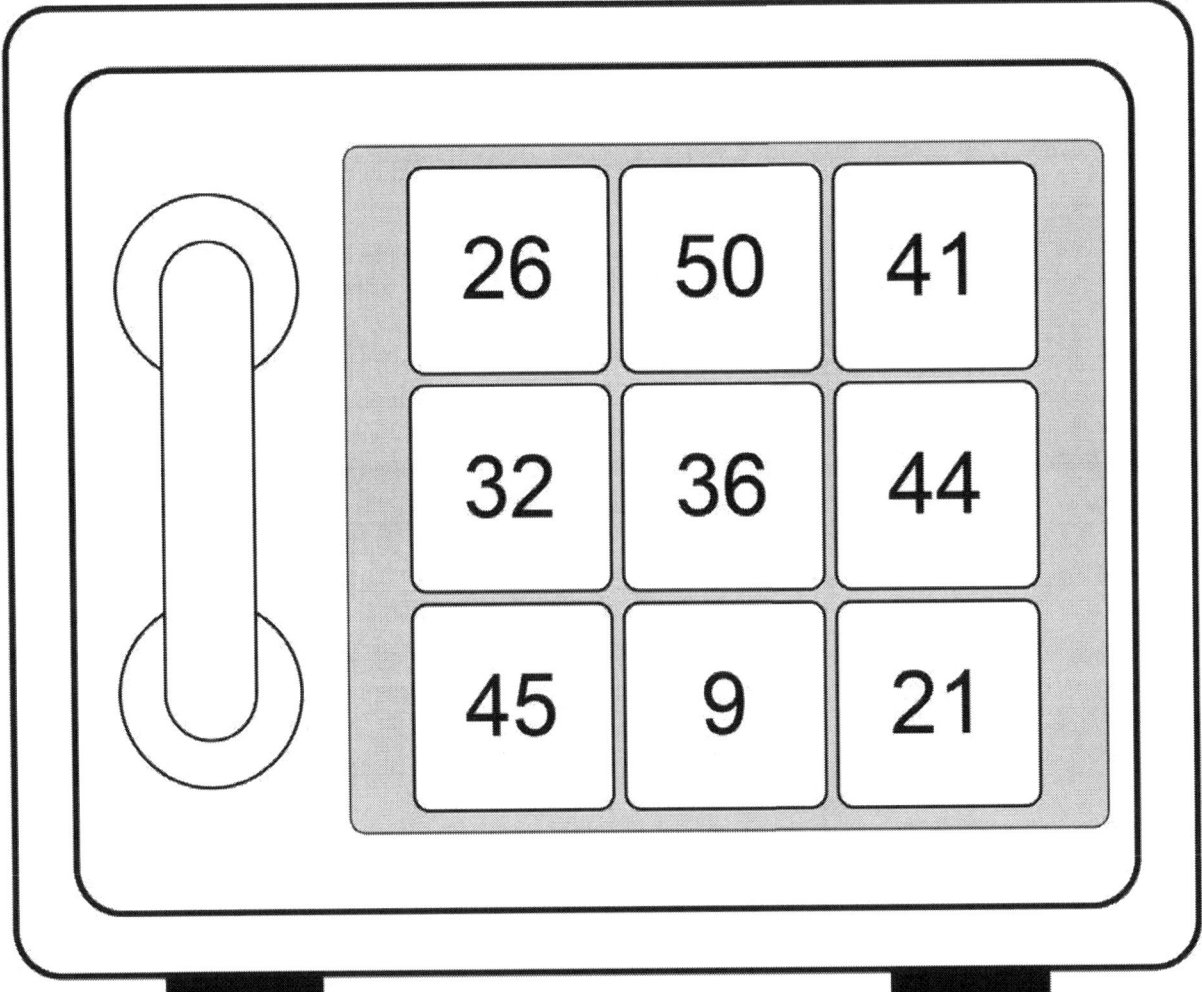

ACTIVITY 28

GOOD JOB!

ANSWERS

SOLUTION

$\frac{4}{13} + \frac{3}{24} = \frac{45}{104}$

$\frac{3}{11} + \frac{10}{23} = \frac{179}{253}$

$\frac{4}{11} + \frac{6}{14} = \frac{61}{77}$

$\frac{5}{24} + \frac{2}{25} = \frac{173}{600}$

$\frac{4}{18} + \frac{16}{23} = \frac{190}{207}$

$\frac{2}{13} + \frac{9}{16} = \frac{149}{208}$

$\frac{2}{19} + \frac{6}{22} = \frac{79}{209}$

$\frac{2}{17} + \frac{7}{12} = \frac{143}{204}$

$\frac{5}{23} + \frac{14}{23} = \frac{19}{23}$

$\frac{4}{10} + \frac{1}{24} = \frac{53}{120}$

$\frac{2}{10} + \frac{5}{14} = \frac{39}{70}$

$\frac{5}{25} + \frac{3}{25} = \frac{8}{25}$

$\frac{4}{12} + \frac{8}{17} = \frac{41}{51}$

$\frac{6}{14} + \frac{4}{13} = \frac{67}{91}$

$\frac{7}{19} + \frac{9}{16} = \frac{283}{304}$

$\frac{6}{13} + \frac{4}{22} = \frac{92}{143}$

$\frac{9}{22} + \frac{8}{20} = \frac{89}{110}$

$\frac{3}{13} + \frac{6}{24} = \frac{25}{52}$

$\frac{5}{17} + \frac{4}{19} = \frac{163}{323}$

$\frac{2}{13} + \frac{10}{25} = \frac{36}{65}$

ACTIVITY 1

ACTIVITY 2

SOLUTION

$\frac{4}{24} + \frac{6}{13} = \frac{49}{78}$

$\frac{5}{15} + \frac{10}{16} = \frac{23}{24}$

$\frac{3}{24} + \frac{7}{16} = \frac{27}{48}$

$\frac{9}{24} + \frac{5}{11} = \frac{73}{88}$

$\frac{1}{22} + \frac{11}{17} = \frac{259}{374}$

$\frac{7}{19} + \frac{4}{25} = \frac{251}{475}$

$\frac{2}{14} + \frac{11}{21} = \frac{28}{42}$

$\frac{7}{19} + \frac{4}{15} = \frac{181}{285}$

$\frac{4}{18} + \frac{4}{14} = \frac{32}{63}$

$\frac{3}{19} + \frac{10}{25} = \frac{53}{95}$

$\frac{3}{24} + \frac{4}{18} = \frac{25}{72}$

$\frac{3}{23} + \frac{9}{13} = \frac{246}{299}$

$\frac{1}{10} + \frac{4}{10} = \frac{5}{10}$

$\frac{1}{11} + \frac{3}{11} = \frac{4}{11}$

$\frac{2}{22} + \frac{6}{24} = \frac{15}{44}$

$\frac{1}{20} + \frac{4}{10} = \frac{9}{20}$

$\frac{4}{13} + \frac{8}{13} = \frac{12}{13}$

$\frac{4}{25} + \frac{4}{14} = \frac{78}{175}$

$\frac{2}{17} + \frac{4}{19} = \frac{106}{323}$

$\frac{4}{11} + \frac{8}{22} = \frac{16}{22}$

SOLUTION

$\frac{4}{23} + \frac{3}{19} = \frac{145}{437}$

$\frac{2}{10} + \frac{17}{23} = \frac{108}{115}$

$\frac{8}{20} + \frac{5}{24} = \frac{73}{120}$

$\frac{7}{25} + \frac{6}{10} = \frac{44}{50}$

$\frac{5}{20} + \frac{4}{21} = \frac{37}{84}$

$\frac{1}{11} + \frac{6}{12} = \frac{13}{22}$

$\frac{1}{17} + \frac{23}{25} = \frac{416}{425}$

$\frac{2}{12} + \frac{4}{17} = \frac{41}{102}$

$\frac{7}{19} + \frac{13}{21} = \frac{394}{399}$

$\frac{8}{20} + \frac{9}{20} = \frac{17}{20}$

$\frac{5}{15} + \frac{4}{12} = \frac{40}{60}$

$\frac{4}{11} + \frac{13}{25} = \frac{243}{275}$

$\frac{2}{23} + \frac{6}{25} = \frac{188}{575}$

$\frac{3}{16} + \frac{12}{16} = \frac{15}{16}$

$\frac{9}{21} + \frac{4}{14} = \frac{30}{42}$

$\frac{11}{24} + \frac{6}{14} = \frac{149}{168}$

$\frac{6}{14} + \frac{4}{13} = \frac{67}{91}$

$\frac{8}{19} + \frac{9}{18} = \frac{35}{38}$

$\frac{5}{21} + \frac{11}{21} = \frac{16}{21}$

$\frac{9}{21} + \frac{3}{17} = \frac{72}{119}$

ACTIVITY 3

ACTIVITY 4

SOLUTION

$\frac{3}{23} + \frac{9}{19} = \frac{264}{437}$

$\frac{4}{23} + \frac{9}{15} = \frac{89}{115}$

$\frac{1}{24} + \frac{5}{24} = \frac{6}{24}$

$\frac{4}{17} + \frac{7}{21} = \frac{29}{51}$

$\frac{5}{22} + \frac{4}{18} = \frac{89}{198}$

$\frac{11}{25} + \frac{4}{12} = \frac{58}{75}$

$\frac{11}{25} + \frac{10}{20} = \frac{94}{100}$

$\frac{5}{10} + \frac{1}{19} = \frac{21}{38}$

$\frac{2}{25} + \frac{19}{23} = \frac{521}{575}$

$\frac{3}{10} + \frac{13}{25} = \frac{41}{50}$

$\frac{4}{14} + \frac{8}{21} = \frac{28}{42}$

$\frac{7}{23} + \frac{10}{24} = \frac{199}{276}$

$\frac{4}{11} + \frac{4}{10} = \frac{42}{55}$

$\frac{3}{22} + \frac{6}{12} = \frac{7}{11}$

$\frac{8}{18} + \frac{10}{19} = \frac{166}{171}$

$\frac{1}{19} + \frac{11}{14} = \frac{223}{266}$

$\frac{10}{20} + \frac{7}{15} = \frac{58}{60}$

$\frac{4}{13} + \frac{11}{20} = \frac{223}{260}$

$\frac{7}{17} + \frac{11}{24} = \frac{355}{408}$

$\frac{8}{17} + \frac{3}{11} = \frac{139}{187}$

SOLUTION

$\dfrac{4}{20} + \dfrac{8}{23} = \dfrac{63}{115}$

$\dfrac{3}{16} + \dfrac{6}{17} = \dfrac{147}{272}$

$\dfrac{5}{17} + \dfrac{5}{10} = \dfrac{27}{34}$

$\dfrac{2}{18} + \dfrac{7}{21} = \dfrac{4}{9}$

$\dfrac{3}{11} + \dfrac{8}{21} = \dfrac{151}{231}$

$\dfrac{7}{15} + \dfrac{9}{25} = \dfrac{62}{75}$

$\dfrac{6}{22} + \dfrac{7}{10} = \dfrac{107}{110}$

$\dfrac{5}{13} + \dfrac{4}{22} = \dfrac{81}{143}$

$\dfrac{4}{21} + \dfrac{7}{10} = \dfrac{187}{210}$

$\dfrac{3}{11} + \dfrac{2}{14} = \dfrac{32}{77}$

$\dfrac{5}{10} + \dfrac{1}{15} = \dfrac{17}{30}$

$\dfrac{11}{22} + \dfrac{6}{18} = \dfrac{5}{6}$

$\dfrac{4}{18} + \dfrac{4}{13} = \dfrac{62}{117}$

$\dfrac{8}{18} + \dfrac{4}{25} = \dfrac{136}{225}$

$\dfrac{7}{24} + \dfrac{9}{15} = \dfrac{107}{120}$

$\dfrac{5}{12} + \dfrac{3}{19} = \dfrac{131}{228}$

$\dfrac{7}{14} + \dfrac{2}{23} = \dfrac{27}{46}$

$\dfrac{3}{13} + \dfrac{4}{21} = \dfrac{115}{273}$

$\dfrac{4}{18} + \dfrac{7}{23} = \dfrac{109}{207}$

$\dfrac{8}{19} + \dfrac{5}{20} = \dfrac{51}{76}$

ACTIVITY 5

ACTIVITY 6

SOLUTION

$\dfrac{7}{14} + \dfrac{1}{14} = \dfrac{8}{14}$

$\dfrac{5}{11} + \dfrac{1}{20} = \dfrac{111}{220}$

$\dfrac{2}{11} + \dfrac{1}{16} = \dfrac{43}{176}$

$\dfrac{4}{11} + \dfrac{8}{13} = \dfrac{140}{143}$

$\dfrac{8}{16} + \dfrac{4}{13} = \dfrac{21}{26}$

$\dfrac{2}{21} + \dfrac{5}{21} = \dfrac{7}{21}$

$\dfrac{1}{25} + \dfrac{10}{23} = \dfrac{273}{575}$

$\dfrac{7}{21} + \dfrac{6}{20} = \dfrac{19}{30}$

$\dfrac{1}{11} + \dfrac{13}{16} = \dfrac{159}{176}$

$\dfrac{2}{14} + \dfrac{14}{18} = \dfrac{58}{63}$

$\dfrac{7}{24} + \dfrac{6}{11} = \dfrac{221}{264}$

$\dfrac{9}{24} + \dfrac{2}{12} = \dfrac{13}{24}$

$\dfrac{8}{22} + \dfrac{9}{20} = \dfrac{179}{220}$

$\dfrac{2}{22} + \dfrac{5}{10} = \dfrac{13}{22}$

$\dfrac{1}{14} + \dfrac{1}{24} = \dfrac{19}{168}$

$\dfrac{7}{14} + \dfrac{5}{17} = \dfrac{27}{34}$

$\dfrac{10}{25} + \dfrac{14}{25} = \dfrac{24}{25}$

$\dfrac{7}{14} + \dfrac{6}{15} = \dfrac{9}{10}$

$\dfrac{6}{12} + \dfrac{7}{16} = \dfrac{45}{48}$

$\dfrac{6}{13} + \dfrac{8}{16} = \dfrac{25}{26}$

SOLUTION

$\frac{12}{25} + \frac{1}{15} = \frac{41}{75}$

$\frac{7}{17} + \frac{8}{18} = \frac{131}{153}$

$\frac{3}{15} + \frac{4}{10} = \frac{18}{30}$

$\frac{8}{21} + \frac{7}{12} = \frac{81}{84}$

$\frac{1}{11} + \frac{4}{19} = \frac{63}{209}$

$\frac{3}{19} + \frac{10}{23} = \frac{259}{437}$

$\frac{3}{20} + \frac{6}{23} = \frac{189}{460}$

$\frac{2}{20} + \frac{13}{15} = \frac{58}{60}$

$\frac{10}{24} + \frac{5}{22} = \frac{85}{132}$

$\frac{4}{13} + \frac{3}{24} = \frac{45}{104}$

$\frac{4}{13} + \frac{3}{16} = \frac{103}{208}$

$\frac{6}{21} + \frac{17}{25} = \frac{169}{175}$

$\frac{5}{13} + \frac{4}{10} = \frac{51}{65}$

$\frac{3}{16} + \frac{7}{24} = \frac{23}{48}$

$\frac{8}{19} + \frac{6}{15} = \frac{78}{95}$

$\frac{1}{17} + \frac{1}{13} = \frac{30}{221}$

$\frac{3}{15} + \frac{10}{18} = \frac{68}{90}$

$\frac{7}{16} + \frac{1}{12} = \frac{25}{48}$

$\frac{10}{20} + \frac{2}{15} = \frac{38}{60}$

$\frac{7}{21} + \frac{1}{15} = \frac{2}{5}$

ACTIVITY 7

ACTIVITY 8

SOLUTION

$\frac{9}{23} + \frac{1}{22} = \frac{221}{506}$

$\frac{4}{20} + \frac{6}{12} = \frac{42}{60}$

$\frac{5}{17} + \frac{8}{18} = \frac{113}{153}$

$\frac{6}{24} + \frac{1}{23} = \frac{27}{92}$

$\frac{7}{24} + \frac{5}{15} = \frac{5}{8}$

$\frac{3}{17} + \frac{13}{18} = \frac{275}{306}$

$\frac{1}{14} + \frac{18}{22} = \frac{137}{154}$

$\frac{5}{22} + \frac{17}{25} = \frac{499}{550}$

$\frac{11}{22} + \frac{7}{16} = \frac{15}{16}$

$\frac{1}{19} + \frac{9}{13} = \frac{184}{247}$

$\frac{4}{10} + \frac{1}{14} = \frac{33}{70}$

$\frac{2}{23} + \frac{7}{24} = \frac{209}{552}$

$\frac{6}{16} + \frac{1}{12} = \frac{22}{48}$

$\frac{1}{15} + \frac{9}{11} = \frac{146}{165}$

$\frac{5}{13} + \frac{6}{24} = \frac{33}{52}$

$\frac{2}{24} + \frac{4}{18} = \frac{22}{72}$

$\frac{8}{21} + \frac{4}{18} = \frac{38}{63}$

$\frac{1}{10} + \frac{2}{11} = \frac{31}{110}$

$\frac{3}{10} + \frac{9}{19} = \frac{147}{190}$

$\frac{2}{24} + \frac{12}{17} = \frac{161}{204}$

SOLUTION

$\frac{1}{16} + \frac{5}{19} = \frac{99}{304}$

$\frac{1}{23} + \frac{3}{15} = \frac{28}{115}$

$\frac{1}{16} + \frac{12}{16} = \frac{13}{16}$

$\frac{7}{14} + \frac{2}{12} = \frac{56}{84}$

$\frac{2}{19} + \frac{18}{22} = \frac{193}{209}$

$\frac{1}{19} + \frac{5}{15} = \frac{22}{57}$

$\frac{3}{19} + \frac{4}{11} = \frac{109}{209}$

$\frac{2}{16} + \frac{10}{24} = \frac{26}{48}$

$\frac{1}{22} + \frac{8}{19} = \frac{195}{418}$

$\frac{3}{12} + \frac{2}{10} = \frac{27}{60}$

$\frac{5}{11} + \frac{5}{12} = \frac{115}{132}$

$\frac{1}{11} + \frac{3}{17} = \frac{50}{187}$

$\frac{6}{18} + \frac{7}{12} = \frac{33}{36}$

$\frac{6}{25} + \frac{4}{25} = \frac{10}{25}$

$\frac{1}{10} + \frac{15}{18} = \frac{84}{90}$

$\frac{10}{21} + \frac{10}{22} = \frac{215}{231}$

$\frac{1}{15} + \frac{10}{12} = \frac{54}{60}$

$\frac{6}{16} + \frac{6}{11} = \frac{81}{88}$

$\frac{9}{21} + \frac{2}{10} = \frac{22}{35}$

$\frac{4}{22} + \frac{10}{20} = \frac{15}{22}$

ACTIVITY 9

ACTIVITY 10

SOLUTION

$\frac{5}{22} + \frac{5}{12} = \frac{85}{132}$

$\frac{8}{23} + \frac{7}{13} = \frac{265}{299}$

$\frac{4}{13} + \frac{6}{12} = \frac{21}{26}$

$\frac{9}{18} + \frac{4}{15} = \frac{69}{90}$

$\frac{6}{23} + \frac{4}{13} = \frac{170}{299}$

$\frac{5}{14} + \frac{3}{12} = \frac{51}{84}$

$\frac{2}{16} + \frac{7}{17} = \frac{73}{136}$

$\frac{5}{21} + \frac{12}{16} = \frac{83}{84}$

$\frac{8}{24} + \frac{1}{17} = \frac{20}{51}$

$\frac{4}{12} + \frac{7}{17} = \frac{38}{51}$

$\frac{3}{16} + \frac{5}{21} = \frac{143}{336}$

$\frac{7}{16} + \frac{6}{17} = \frac{215}{272}$

$\frac{4}{19} + \frac{14}{21} = \frac{50}{57}$

$\frac{1}{16} + \frac{17}{20} = \frac{73}{80}$

$\frac{7}{17} + \frac{2}{23} = \frac{195}{391}$

$\frac{11}{23} + \frac{1}{22} = \frac{265}{506}$

$\frac{3}{14} + \frac{3}{24} = \frac{19}{56}$

$\frac{12}{24} + \frac{3}{12} = \frac{18}{24}$

$\frac{6}{13} + \frac{6}{22} = \frac{105}{143}$

$\frac{11}{22} + \frac{9}{24} = \frac{7}{8}$

SOLUTION

$\frac{9}{22} + \frac{3}{17} = \frac{219}{374}$

$\frac{1}{19} + \frac{7}{23} = \frac{156}{437}$

$\frac{3}{13} + \frac{11}{18} = \frac{197}{234}$

$\frac{8}{22} + \frac{5}{11} = \frac{18}{22}$

$\frac{5}{13} + \frac{1}{20} = \frac{113}{260}$

$\frac{10}{24} + \frac{4}{12} = \frac{18}{24}$

$\frac{4}{13} + \frac{9}{18} = \frac{21}{26}$

$\frac{6}{23} + \frac{2}{11} = \frac{112}{253}$

$\frac{8}{22} + \frac{2}{18} = \frac{47}{99}$

$\frac{4}{18} + \frac{7}{25} = \frac{113}{225}$

$\frac{7}{19} + \frac{8}{14} = \frac{125}{133}$

$\frac{3}{15} + \frac{7}{10} = \frac{27}{30}$

$\frac{2}{11} + \frac{1}{11} = \frac{3}{11}$

$\frac{10}{24} + \frac{6}{20} = \frac{43}{60}$

$\frac{5}{12} + \frac{2}{21} = \frac{43}{84}$

$\frac{9}{19} + \frac{8}{23} = \frac{359}{437}$

$\frac{4}{22} + \frac{12}{18} = \frac{28}{33}$

$\frac{4}{25} + \frac{11}{20} = \frac{71}{100}$

$\frac{10}{23} + \frac{7}{25} = \frac{411}{575}$

$\frac{5}{11} + \frac{4}{12} = \frac{26}{33}$

ACTIVITY 11

ACTIVITY 12

SOLUTION

$\frac{6}{13} + \frac{6}{16} = \frac{87}{104}$

$\frac{1}{22} + \frac{8}{15} = \frac{191}{330}$

$\frac{10}{24} + \frac{9}{18} = \frac{66}{72}$

$\frac{7}{18} + \frac{1}{12} = \frac{17}{36}$

$\frac{5}{10} + \frac{1}{12} = \frac{35}{60}$

$\frac{2}{23} + \frac{12}{19} = \frac{314}{437}$

$\frac{10}{24} + \frac{2}{11} = \frac{79}{132}$

$\frac{7}{17} + \frac{5}{19} = \frac{218}{323}$

$\frac{4}{10} + \frac{3}{19} = \frac{53}{95}$

$\frac{5}{22} + \frac{12}{19} = \frac{359}{418}$

$\frac{2}{17} + \frac{3}{16} = \frac{83}{272}$

$\frac{1}{18} + \frac{14}{22} = \frac{137}{198}$

$\frac{4}{13} + \frac{1}{14} = \frac{69}{182}$

$\frac{3}{10} + \frac{4}{16} = \frac{44}{80}$

$\frac{5}{17} + \frac{10}{18} = \frac{130}{153}$

$\frac{6}{12} + \frac{2}{18} = \frac{22}{36}$

$\frac{1}{10} + \frac{11}{25} = \frac{27}{50}$

$\frac{12}{25} + \frac{4}{16} = \frac{73}{100}$

$\frac{2}{12} + \frac{5}{10} = \frac{40}{60}$

$\frac{5}{21} + \frac{3}{18} = \frac{17}{42}$

SOLUTION

$\frac{2}{15} + \frac{16}{24} = \frac{4}{5}$

$\frac{5}{10} + \frac{4}{16} = \frac{60}{80}$

$\frac{10}{24} + \frac{4}{16} = \frac{32}{48}$

$\frac{1}{10} + \frac{1}{18} = \frac{14}{90}$

$\frac{1}{14} + \frac{12}{22} = \frac{95}{154}$

$\frac{7}{22} + \frac{7}{17} = \frac{273}{374}$

$\frac{5}{10} + \frac{5}{21} = \frac{31}{42}$

$\frac{5}{11} + \frac{7}{20} = \frac{177}{220}$

$\frac{5}{10} + \frac{5}{14} = \frac{60}{70}$

$\frac{1}{18} + \frac{1}{10} = \frac{14}{90}$

$\frac{9}{23} + \frac{9}{22} = \frac{405}{506}$

$\frac{5}{23} + \frac{3}{15} = \frac{48}{115}$

$\frac{4}{25} + \frac{1}{21} = \frac{109}{525}$

$\frac{5}{19} + \frac{3}{23} = \frac{172}{437}$

$\frac{2}{19} + \frac{7}{24} = \frac{181}{456}$

$\frac{1}{22} + \frac{9}{10} = \frac{52}{55}$

$\frac{3}{17} + \frac{1}{21} = \frac{80}{357}$

$\frac{3}{22} + \frac{12}{18} = \frac{53}{66}$

$\frac{11}{25} + \frac{3}{11} = \frac{196}{275}$

$\frac{2}{22} + \frac{4}{24} = \frac{17}{66}$

ACTIVITY 13

ACTIVITY 14

SOLUTION

$\frac{6}{12} + \frac{4}{10} = \frac{54}{60}$

$\frac{7}{25} + \frac{4}{24} = \frac{67}{150}$

$\frac{6}{18} + \frac{8}{13} = \frac{37}{39}$

$\frac{2}{24} + \frac{3}{14} = \frac{25}{84}$

$\frac{3}{18} + \frac{7}{10} = \frac{78}{90}$

$\frac{5}{25} + \frac{1}{21} = \frac{26}{105}$

$\frac{10}{20} + \frac{3}{12} = \frac{45}{60}$

$\frac{6}{25} + \frac{2}{24} = \frac{97}{300}$

$\frac{5}{15} + \frac{5}{17} = \frac{32}{51}$

$\frac{6}{14} + \frac{6}{13} = \frac{81}{91}$

$\frac{12}{25} + \frac{7}{21} = \frac{61}{75}$

$\frac{2}{25} + \frac{11}{12} = \frac{299}{300}$

$\frac{1}{14} + \frac{14}{21} = \frac{31}{42}$

$\frac{1}{17} + \frac{6}{15} = \frac{39}{85}$

$\frac{5}{10} + \frac{5}{16} = \frac{65}{80}$

$\frac{2}{22} + \frac{10}{14} = \frac{62}{77}$

$\frac{2}{12} + \frac{8}{11} = \frac{59}{66}$

$\frac{7}{19} + \frac{4}{10} = \frac{73}{95}$

$\frac{2}{18} + \frac{11}{17} = \frac{116}{153}$

$\frac{5}{11} + \frac{2}{13} = \frac{87}{143}$

SOLUTION

$\frac{1}{25} + \frac{10}{12} = \frac{131}{150}$

$\frac{3}{23} + \frac{3}{11} = \frac{102}{253}$

$\frac{9}{21} + \frac{1}{12} = \frac{43}{84}$

$\frac{8}{18} + \frac{9}{25} = \frac{181}{225}$

$\frac{7}{15} + \frac{3}{12} = \frac{43}{60}$

$\frac{1}{24} + \frac{7}{11} = \frac{179}{264}$

$\frac{4}{14} + \frac{4}{11} = \frac{50}{77}$

$\frac{7}{24} + \frac{4}{11} = \frac{173}{264}$

$\frac{6}{18} + \frac{6}{14} = \frac{16}{21}$

$\frac{1}{10} + \frac{15}{25} = \frac{35}{50}$

$\frac{4}{20} + \frac{7}{25} = \frac{48}{100}$

$\frac{6}{13} + \frac{11}{23} = \frac{281}{299}$

$\frac{4}{13} + \frac{4}{10} = \frac{46}{65}$

$\frac{9}{18} + \frac{2}{12} = \frac{24}{36}$

$\frac{5}{14} + \frac{3}{17} = \frac{127}{238}$

$\frac{5}{20} + \frac{13}{21} = \frac{73}{84}$

$\frac{10}{24} + \frac{6}{20} = \frac{43}{60}$

$\frac{7}{14} + \frac{4}{14} = \frac{11}{14}$

$\frac{2}{11} + \frac{13}{25} = \frac{193}{275}$

$\frac{5}{16} + \frac{2}{23} = \frac{147}{368}$

ACTIVITY 15

ACTIVITY 16

SOLUTION

$\frac{5}{17} + \frac{3}{11} = \frac{106}{187}$

$\frac{8}{20} + \frac{1}{20} = \frac{9}{20}$

$\frac{4}{18} + \frac{6}{12} = \frac{26}{36}$

$\frac{5}{17} + \frac{1}{17} = \frac{6}{17}$

$\frac{1}{11} + \frac{10}{21} = \frac{131}{231}$

$\frac{6}{23} + \frac{7}{10} = \frac{221}{230}$

$\frac{2}{13} + \frac{3}{14} = \frac{67}{182}$

$\frac{4}{12} + \frac{3}{10} = \frac{38}{60}$

$\frac{1}{15} + \frac{6}{13} = \frac{103}{195}$

$\frac{3}{14} + \frac{10}{24} = \frac{53}{84}$

$\frac{4}{22} + \frac{8}{10} = \frac{54}{55}$

$\frac{3}{21} + \frac{1}{12} = \frac{19}{84}$

$\frac{3}{18} + \frac{13}{20} = \frac{49}{60}$

$\frac{3}{15} + \frac{8}{22} = \frac{31}{55}$

$\frac{5}{24} + \frac{6}{19} = \frac{239}{456}$

$\frac{5}{13} + \frac{5}{10} = \frac{23}{26}$

$\frac{6}{20} + \frac{14}{23} = \frac{209}{230}$

$\frac{5}{25} + \frac{4}{11} = \frac{31}{55}$

$\frac{2}{14} + \frac{5}{17} = \frac{52}{119}$

$\frac{10}{21} + \frac{6}{14} = \frac{38}{42}$

SOLUTION

$\dfrac{6}{21} + \dfrac{12}{19} = \dfrac{122}{133}$ $\qquad$ $\dfrac{9}{18} + \dfrac{7}{20} = \dfrac{17}{20}$

$\dfrac{1}{17} + \dfrac{10}{18} = \dfrac{94}{153}$ $\qquad$ $\dfrac{3}{13} + \dfrac{1}{13} = \dfrac{4}{13}$

$\dfrac{9}{18} + \dfrac{11}{25} = \dfrac{47}{50}$ $\qquad$ $\dfrac{1}{10} + \dfrac{19}{22} = \dfrac{53}{55}$

$\dfrac{5}{14} + \dfrac{7}{17} = \dfrac{183}{238}$ $\qquad$ $\dfrac{1}{15} + \dfrac{6}{14} = \dfrac{52}{105}$

$\dfrac{4}{25} + \dfrac{3}{22} = \dfrac{163}{550}$ $\qquad$ $\dfrac{8}{25} + \dfrac{2}{12} = \dfrac{73}{150}$

$\dfrac{9}{21} + \dfrac{3}{11} = \dfrac{54}{77}$ $\qquad$ $\dfrac{1}{12} + \dfrac{10}{23} = \dfrac{143}{276}$

$\dfrac{1}{16} + \dfrac{9}{25} = \dfrac{169}{400}$ $\qquad$ $\dfrac{6}{23} + \dfrac{8}{11} = \dfrac{250}{253}$

$\dfrac{6}{18} + \dfrac{2}{11} = \dfrac{17}{33}$ $\qquad$ $\dfrac{4}{19} + \dfrac{10}{24} = \dfrac{143}{228}$

$\dfrac{3}{11} + \dfrac{5}{10} = \dfrac{17}{22}$ $\qquad$ $\dfrac{1}{14} + \dfrac{2}{10} = \dfrac{19}{70}$

$\dfrac{1}{12} + \dfrac{2}{13} = \dfrac{37}{156}$ $\qquad$ $\dfrac{3}{13} + \dfrac{8}{16} = \dfrac{19}{26}$

ACTIVITY 17

ACTIVITY 18

SOLUTION

$\dfrac{3}{14} + \dfrac{4}{20} = \dfrac{29}{70}$ $\qquad$ $\dfrac{6}{24} + \dfrac{8}{19} = \dfrac{51}{76}$

$\dfrac{5}{11} + \dfrac{10}{22} = \dfrac{20}{22}$ $\qquad$ $\dfrac{2}{17} + \dfrac{4}{12} = \dfrac{23}{51}$

$\dfrac{2}{14} + \dfrac{17}{25} = \dfrac{144}{175}$ $\qquad$ $\dfrac{4}{14} + \dfrac{4}{21} = \dfrac{20}{42}$

$\dfrac{2}{21} + \dfrac{3}{14} = \dfrac{13}{42}$ $\qquad$ $\dfrac{5}{19} + \dfrac{1}{19} = \dfrac{6}{19}$

$\dfrac{1}{23} + \dfrac{16}{20} = \dfrac{97}{115}$ $\qquad$ $\dfrac{5}{11} + \dfrac{5}{11} = \dfrac{10}{11}$

$\dfrac{1}{13} + \dfrac{7}{11} = \dfrac{102}{143}$ $\qquad$ $\dfrac{4}{13} + \dfrac{3}{14} = \dfrac{95}{182}$

$\dfrac{2}{24} + \dfrac{4}{17} = \dfrac{65}{204}$ $\qquad$ $\dfrac{1}{25} + \dfrac{4}{18} = \dfrac{59}{225}$

$\dfrac{2}{12} + \dfrac{3}{14} = \dfrac{32}{84}$ $\qquad$ $\dfrac{1}{11} + \dfrac{11}{19} = \dfrac{140}{209}$

$\dfrac{4}{19} + \dfrac{11}{23} = \dfrac{301}{437}$ $\qquad$ $\dfrac{4}{10} + \dfrac{2}{24} = \dfrac{29}{60}$

$\dfrac{6}{12} + \dfrac{2}{19} = \dfrac{23}{38}$ $\qquad$ $\dfrac{3}{19} + \dfrac{13}{22} = \dfrac{313}{418}$

SOLUTION

$\frac{2}{6} + \frac{4}{6} + \frac{4}{9} = \frac{26}{18}$

$\frac{2}{7} + \frac{2}{3} + \frac{3}{7} = \frac{29}{21}$

$\frac{6}{8} + \frac{1}{3} + \frac{3}{6} = \frac{38}{24}$

$\frac{3}{4} + \frac{1}{8} + \frac{4}{6} = \frac{37}{24}$

$\frac{6}{9} + \frac{6}{9} + \frac{4}{9} = \frac{1}{9}$

$\frac{1}{6} + \frac{3}{6} + \frac{2}{3} = \frac{8}{6}$

$\frac{1}{9} + \frac{5}{9} + \frac{2}{8} = \frac{66}{72}$

$\frac{2}{6} + \frac{2}{5} + \frac{3}{6} = \frac{37}{30}$

$\frac{6}{8} + \frac{3}{7} + \frac{2}{7} = \frac{82}{56}$

$\frac{5}{9} + \frac{4}{8} + \frac{1}{5} = \frac{11}{90}$

$\frac{4}{6} + \frac{1}{9} + \frac{2}{7} = \frac{67}{63}$

$\frac{1}{4} + \frac{1}{6} + \frac{1}{4} = \frac{8}{12}$

$\frac{3}{7} + \frac{1}{3} + \frac{2}{3} = \frac{30}{21}$

$\frac{1}{5} + \frac{1}{9} + \frac{3}{8} = \frac{247}{360}$

$\frac{1}{7} + \frac{1}{6} + \frac{1}{9} = \frac{53}{126}$

$\frac{1}{5} + \frac{2}{6} + \frac{2}{5} = \frac{28}{30}$

$\frac{2}{6} + \frac{1}{4} + \frac{3}{6} = \frac{13}{12}$

$\frac{4}{9} + \frac{1}{4} + \frac{2}{5} = \frac{197}{180}$

$\frac{6}{9} + \frac{1}{9} + \frac{4}{7} = \frac{85}{63}$

$\frac{2}{4} + \frac{3}{4} + \frac{1}{4} = \frac{6}{4}$

ACTIVITY 19

ACTIVITY 20

SOLUTION

$\frac{3}{4} + \frac{1}{4} + \frac{3}{5} = \frac{32}{20}$

$\frac{5}{9} + \frac{2}{6} + \frac{2}{9} = \frac{20}{18}$

$\frac{3}{4} + \frac{3}{4} + \frac{3}{7} = \frac{54}{28}$

$\frac{3}{6} + \frac{4}{7} + \frac{2}{6} = \frac{59}{42}$

$\frac{1}{3} + \frac{3}{6} + \frac{3}{5} = \frac{43}{30}$

$\frac{3}{8} + \frac{1}{4} + \frac{2}{5} = \frac{41}{40}$

$\frac{2}{5} + \frac{1}{3} + \frac{5}{8} = \frac{163}{120}$

$\frac{1}{4} + \frac{4}{6} + \frac{1}{3} = \frac{15}{12}$

$\frac{2}{7} + \frac{2}{9} + \frac{2}{9} = \frac{46}{63}$

$\frac{4}{8} + \frac{2}{6} + \frac{1}{3} = \frac{28}{24}$

$\frac{1}{3} + \frac{1}{3} + \frac{2}{5} = \frac{16}{15}$

$\frac{4}{7} + \frac{6}{9} + \frac{6}{8} = \frac{16}{84}$

$\frac{2}{7} + \frac{1}{3} + \frac{4}{6} = \frac{54}{42}$

$\frac{6}{9} + \frac{4}{8} + \frac{1}{4} = \frac{10}{72}$

$\frac{3}{8} + \frac{2}{4} + \frac{4}{7} = \frac{81}{56}$

$\frac{2}{3} + \frac{1}{6} + \frac{1}{6} = \frac{6}{6}$

$\frac{4}{7} + \frac{1}{5} + \frac{2}{7} = \frac{37}{35}$

$\frac{2}{8} + \frac{4}{9} + \frac{4}{8} = \frac{86}{72}$

$\frac{4}{9} + \frac{4}{6} + \frac{3}{4} = \frac{67}{36}$

$\frac{1}{3} + \frac{3}{7} + \frac{3}{6} = \frac{53}{42}$

SOLUTION

$\frac{3}{4} + \frac{1}{5} + \frac{1}{7} = \frac{153}{140}$

$\frac{6}{9} + \frac{4}{8} + \frac{6}{8} = \frac{13}{72}$

$\frac{2}{6} + \frac{1}{3} + \frac{5}{7} = \frac{58}{42}$

$\frac{2}{3} + \frac{2}{3} + \frac{1}{7} = \frac{31}{21}$

$\frac{4}{7} + \frac{1}{6} + \frac{3}{6} = \frac{52}{42}$

$\frac{2}{4} + \frac{1}{8} + \frac{2}{5} = \frac{41}{40}$

$\frac{2}{7} + \frac{3}{5} + \frac{2}{9} = \frac{349}{315}$

$\frac{3}{8} + \frac{3}{5} + \frac{1}{7} = \frac{313}{280}$

$\frac{2}{4} + \frac{4}{6} + \frac{1}{3} = \frac{18}{12}$

$\frac{2}{5} + \frac{5}{9} + \frac{1}{9} = \frac{48}{45}$

$\frac{3}{8} + \frac{2}{5} + \frac{2}{4} = \frac{51}{40}$

$\frac{6}{8} + \frac{1}{3} + \frac{1}{6} = \frac{30}{24}$

$\frac{6}{8} + \frac{3}{4} + \frac{2}{4} = \frac{1}{8}$

$\frac{2}{4} + \frac{2}{4} + \frac{1}{3} = \frac{16}{12}$

$\frac{2}{3} + \frac{3}{6} + \frac{1}{6} = \frac{8}{6}$

$\frac{1}{3} + \frac{3}{7} + \frac{2}{6} = \frac{46}{42}$

ACTIVITY 21

ACTIVITY 22

SOLUTION

$\frac{1}{3} + \frac{3}{4} + \frac{2}{3} = \frac{21}{12}$

$\frac{3}{5} + \frac{1}{4} + \frac{6}{8} = \frac{64}{40}$

$\frac{3}{9} + \frac{4}{8} + \frac{1}{3} = \frac{84}{72}$

$\frac{2}{3} + \frac{4}{6} + \frac{1}{3} = \frac{1}{8}$

$\frac{1}{8} + \frac{1}{5} + \frac{2}{3} = \frac{119}{120}$

$\frac{2}{5} + \frac{2}{3} + \frac{3}{5} = \frac{25}{15}$

$\frac{2}{7} + \frac{2}{5} + \frac{2}{8} = \frac{131}{140}$

$\frac{2}{5} + \frac{2}{6} + \frac{1}{5} = \frac{28}{30}$

$\frac{6}{8} + \frac{1}{3} + \frac{4}{8} = \frac{38}{24}$

$\frac{1}{4} + \frac{2}{4} + \frac{4}{8} = \frac{1}{8}$

$\frac{1}{3} + \frac{3}{4} + \frac{3}{7} = \frac{12}{84}$

$\frac{2}{6} + \frac{4}{7} + \frac{3}{4} = \frac{13}{84}$

$\frac{3}{6} + \frac{1}{9} + \frac{3}{5} = \frac{10}{90}$

$\frac{1}{4} + \frac{1}{6} + \frac{2}{4} = \frac{11}{12}$

$\frac{4}{6} + \frac{2}{3} + \frac{2}{7} = \frac{68}{42}$

$\frac{4}{6} + \frac{1}{4} + \frac{5}{8} = \frac{37}{24}$

SOLUTION

$\frac{3}{5} + \frac{2}{3} + \frac{1}{5} = \frac{22}{15}$

$\frac{3}{9} + \frac{1}{7} + \frac{1}{3} = \frac{51}{63}$

$\frac{3}{6} + \frac{5}{7} + \frac{3}{7} = \frac{69}{42}$

$\frac{2}{5} + \frac{5}{9} + \frac{1}{5} = \frac{52}{45}$

$\frac{4}{7} + \frac{3}{9} + \frac{1}{6} = \frac{15}{14}$

$\frac{4}{7} + \frac{2}{3} + \frac{3}{7} = \frac{35}{21}$

$\frac{4}{6} + \frac{4}{6} + \frac{3}{6} = \frac{1}{6}$

$\frac{4}{7} + \frac{1}{3} + \frac{5}{7} = \frac{34}{21}$

$\frac{3}{9} + \frac{5}{8} + \frac{1}{9} = \frac{77}{72}$

$\frac{2}{8} + \frac{3}{6} + \frac{2}{6} = \frac{26}{24}$

$\frac{3}{4} + \frac{1}{3} + \frac{3}{4} = \frac{22}{12}$

$\frac{1}{9} + \frac{2}{3} + \frac{5}{7} = \frac{94}{63}$

$\frac{3}{6} + \frac{1}{7} + \frac{1}{3} = \frac{41}{42}$

$\frac{5}{7} + \frac{2}{6} + \frac{1}{8} = \frac{197}{168}$

$\frac{1}{3} + \frac{1}{3} + \frac{2}{5} = \frac{16}{15}$

$\frac{1}{3} + \frac{4}{8} + \frac{1}{7} = \frac{41}{42}$

ACTIVITY 23

ACTIVITY 24

SOLUTION

$\frac{1}{5} + \frac{2}{3} + \frac{3}{4} = \frac{97}{60}$

$\frac{1}{7} + \frac{4}{8} + \frac{1}{5} = \frac{59}{70}$

$\frac{1}{3} + \frac{2}{7} + \frac{3}{6} = \frac{47}{42}$

$\frac{5}{8} + \frac{2}{3} + \frac{1}{3} = \frac{39}{24}$

$\frac{2}{9} + \frac{3}{4} + \frac{2}{3} = \frac{59}{36}$

$\frac{5}{7} + \frac{5}{9} + \frac{1}{8} = \frac{703}{504}$

$\frac{2}{7} + \frac{3}{8} + \frac{4}{9} = \frac{557}{504}$

$\frac{6}{8} + \frac{5}{8} + \frac{1}{7} = \frac{85}{56}$

$\frac{1}{4} + \frac{4}{7} + \frac{1}{3} = \frac{97}{84}$

$\frac{1}{4} + \frac{5}{8} + \frac{5}{9} = \frac{10}{72}$

$\frac{4}{7} + \frac{2}{6} + \frac{1}{9} = \frac{64}{63}$

$\frac{1}{3} + \frac{3}{4} + \frac{2}{7} = \frac{11}{84}$

$\frac{6}{9} + \frac{1}{6} + \frac{1}{5} = \frac{93}{90}$

$\frac{3}{5} + \frac{4}{7} + \frac{1}{7} = \frac{46}{35}$

$\frac{4}{6} + \frac{1}{4} + \frac{5}{9} = \frac{53}{36}$

$\frac{1}{3} + \frac{2}{4} + \frac{3}{7} = \frac{10}{84}$

SOLUTION

$\frac{3}{6} + \frac{2}{5} + \frac{2}{3} = \frac{47}{30}$

$\frac{1}{5} + \frac{3}{5} + \frac{2}{5} = \frac{6}{5}$

$\frac{1}{3} + \frac{5}{8} + \frac{2}{3} = \frac{39}{24}$

$\frac{5}{8} + \frac{1}{3} + \frac{3}{4} = \frac{41}{24}$

$\frac{3}{5} + \frac{3}{9} + \frac{3}{7} = \frac{143}{105}$

$\frac{4}{8} + \frac{4}{6} + \frac{2}{3} = \frac{44}{24}$

$\frac{5}{9} + \frac{3}{9} + \frac{3}{9} = \frac{1}{9}$

$\frac{3}{7} + \frac{2}{7} + \frac{2}{9} = \frac{59}{63}$

$\frac{5}{9} + \frac{4}{7} + \frac{1}{5} = \frac{418}{315}$

$\frac{4}{8} + \frac{2}{8} + \frac{1}{7} = \frac{50}{56}$

$\frac{1}{4} + \frac{2}{6} + \frac{1}{5} = \frac{47}{60}$

$\frac{1}{5} + \frac{1}{3} + \frac{4}{7} = \frac{116}{105}$

$\frac{2}{6} + \frac{5}{7} + \frac{4}{6} = \frac{72}{42}$

$\frac{1}{6} + \frac{4}{6} + \frac{6}{9} = \frac{27}{18}$

$\frac{3}{4} + \frac{2}{9} + \frac{1}{5} = \frac{211}{180}$

$\frac{1}{6} + \frac{1}{6} + \frac{3}{8} = \frac{17}{24}$

ACTIVITY 25

ACTIVITY 26

SOLUTION

$\frac{2}{5} + \frac{2}{6} = \frac{22}{30}$

$\frac{2}{6} + \frac{1}{3} = \frac{4}{6}$

$\frac{1}{3} + \frac{1}{4} = \frac{7}{12}$

$\frac{1}{2} + \frac{2}{5} = \frac{9}{10}$

$\frac{1}{2} + \frac{1}{3} = \frac{5}{6}$

$\frac{3}{8} + \frac{1}{3} = \frac{17}{24}$

$\frac{3}{7} + \frac{2}{5} = \frac{29}{35}$

$\frac{4}{9} + \frac{1}{3} = \frac{7}{9}$

$\frac{2}{8} + \frac{4}{6} = \frac{22}{24}$

$\frac{1}{3} + \frac{1}{5} = \frac{8}{15}$

$\frac{2}{8} + \frac{1}{3} = \frac{14}{24}$

$\frac{2}{7} + \frac{1}{4} = \frac{15}{28}$

$\frac{1}{2} + \frac{2}{7} = \frac{11}{14}$

$\frac{2}{4} + \frac{1}{2} = \frac{4}{4}$

$\frac{2}{4} + \frac{3}{7} = \frac{26}{28}$

$\frac{2}{8} + \frac{1}{4} = \frac{4}{8}$

$\frac{2}{6} + \frac{1}{2} = \frac{5}{6}$

$\frac{1}{4} + \frac{1}{3} = \frac{7}{12}$

$\frac{4}{8} + \frac{1}{3} = \frac{20}{24}$

$\frac{3}{6} + \frac{3}{7} = \frac{39}{42}$

SOLUTION

$\frac{1}{2} + \frac{1}{4} = \frac{3}{4}$ $\frac{2}{6} + \frac{2}{7} = \frac{26}{42}$

$\frac{1}{9} + \frac{1}{2} = \frac{11}{18}$ $\frac{4}{9} + \frac{1}{3} = \frac{7}{9}$

$\frac{1}{2} + \frac{3}{6} = \frac{6}{6}$ $\frac{3}{7} + \frac{3}{6} = \frac{39}{42}$

$\frac{1}{7} + \frac{2}{9} = \frac{23}{63}$ $\frac{1}{5} + \frac{1}{2} = \frac{7}{10}$

$\frac{1}{2} + \frac{4}{9} = \frac{17}{18}$ $\frac{2}{5} + \frac{3}{6} = \frac{27}{30}$

$\frac{1}{9} + \frac{6}{9} = \frac{7}{9}$ $\frac{1}{3} + \frac{1}{4} = \frac{7}{12}$

$\frac{3}{7} + \frac{1}{4} = \frac{19}{28}$ $\frac{1}{9} + \frac{2}{6} = \frac{8}{18}$

$\frac{4}{9} + \frac{3}{7} = \frac{55}{63}$ $\frac{2}{5} + \frac{1}{2} = \frac{9}{10}$

$\frac{3}{6} + \frac{1}{7} = \frac{27}{42}$ $\frac{1}{5} + \frac{1}{7} = \frac{12}{35}$

$\frac{2}{8} + \frac{1}{6} = \frac{10}{24}$ $\frac{1}{5} + \frac{2}{5} = \frac{3}{5}$

ACTIVITY 27

ACTIVITY 28

SOLUTION

$\frac{2}{5} + \frac{1}{3} = \frac{11}{15}$ $\frac{1}{9} + \frac{1}{5} = \frac{14}{45}$

$\frac{1}{3} + \frac{2}{6} = \frac{4}{6}$ $\frac{1}{3} + \frac{3}{7} = \frac{16}{21}$

$\frac{1}{7} + \frac{3}{9} = \frac{30}{63}$ $\frac{1}{5} + \frac{1}{4} = \frac{9}{20}$

$\frac{1}{2} + \frac{3}{6} = \frac{6}{6}$ $\frac{1}{5} + \frac{2}{9} = \frac{19}{45}$

$\frac{2}{4} + \frac{1}{7} = \frac{18}{28}$ $\frac{3}{7} + \frac{1}{4} = \frac{19}{28}$

$\frac{1}{4} + \frac{1}{5} = \frac{9}{20}$ $\frac{1}{6} + \frac{2}{9} = \frac{7}{18}$

$\frac{1}{3} + \frac{1}{6} = \frac{3}{6}$ $\frac{1}{2} + \frac{2}{8} = \frac{6}{8}$

$\frac{4}{8} + \frac{3}{8} = \frac{7}{8}$ $\frac{1}{2} + \frac{3}{8} = \frac{7}{8}$

$\frac{2}{9} + \frac{1}{6} = \frac{7}{18}$ $\frac{3}{9} + \frac{3}{6} = \frac{15}{18}$

$\frac{3}{8} + \frac{1}{4} = \frac{5}{8}$ $\frac{1}{3} + \frac{1}{7} = \frac{10}{21}$

SOLUTION

$\frac{3}{7} + \frac{2}{6} = \frac{32}{42}$　　　　$\frac{2}{6} + \frac{2}{3} = \frac{6}{6}$

$\frac{2}{6} + \frac{1}{7} = \frac{20}{42}$　　　　$\frac{1}{4} + \frac{3}{7} = \frac{19}{28}$

$\frac{2}{5} + \frac{1}{2} = \frac{9}{10}$　　　　$\frac{2}{4} + \frac{1}{5} = \frac{14}{20}$

$\frac{1}{2} + \frac{4}{9} = \frac{17}{18}$　　　　$\frac{2}{8} + \frac{1}{6} = \frac{10}{24}$

$\frac{1}{3} + \frac{4}{8} = \frac{20}{24}$　　　　$\frac{4}{9} + \frac{2}{6} = \frac{14}{18}$

$\frac{1}{4} + \frac{1}{4} = \frac{2}{4}$　　　　$\frac{2}{6} + \frac{1}{4} = \frac{7}{12}$

$\frac{1}{9} + \frac{3}{4} = \frac{31}{36}$　　　　$\frac{1}{7} + \frac{2}{9} = \frac{23}{63}$

$\frac{3}{7} + \frac{3}{7} = \frac{6}{7}$　　　　$\frac{2}{8} + \frac{5}{8} = \frac{7}{8}$

$\frac{1}{9} + \frac{7}{8} = \frac{71}{72}$　　　　$\frac{1}{4} + \frac{2}{4} = \frac{3}{4}$

$\frac{2}{9} + \frac{6}{8} = \frac{70}{72}$　　　　$\frac{1}{3} + \frac{1}{2} = \frac{5}{6}$

ACTIVITY 29

ACTIVITY 30

SOLUTION

$\frac{1}{6} + \frac{1}{2} = \frac{4}{6}$　　　　$\frac{4}{8} + \frac{1}{9} = \frac{44}{72}$

$\frac{1}{4} + \frac{5}{8} = \frac{7}{8}$　　　　$\frac{1}{4} + \frac{2}{3} = \frac{11}{12}$

$\frac{1}{4} + \frac{1}{4} = \frac{2}{4}$　　　　$\frac{1}{2} + \frac{1}{3} = \frac{5}{6}$

$\frac{1}{2} + \frac{1}{7} = \frac{9}{14}$　　　　$\frac{1}{3} + \frac{2}{4} = \frac{10}{12}$

$\frac{2}{4} + \frac{1}{4} = \frac{3}{4}$　　　　$\frac{2}{5} + \frac{2}{5} = \frac{4}{5}$

$\frac{3}{8} + \frac{1}{2} = \frac{7}{8}$　　　　$\frac{1}{7} + \frac{1}{2} = \frac{9}{14}$

$\frac{4}{8} + \frac{1}{3} = \frac{20}{24}$　　　　$\frac{4}{8} + \frac{3}{8} = \frac{7}{8}$

$\frac{3}{9} + \frac{3}{6} = \frac{15}{18}$　　　　$\frac{3}{7} + \frac{2}{8} = \frac{38}{56}$

$\frac{3}{9} + \frac{2}{4} = \frac{30}{36}$　　　　$\frac{3}{7} + \frac{1}{3} = \frac{16}{21}$

$\frac{2}{4} + \frac{2}{6} = \frac{10}{12}$　　　　$\frac{1}{2} + \frac{2}{4} = \frac{4}{4}$

SOLUTION

$\frac{2}{4} + \frac{1}{3} = \frac{10}{12}$ $\frac{1}{2} + \frac{3}{6} = \frac{6}{6}$

$\frac{2}{5} + \frac{1}{8} = \frac{21}{40}$ $\frac{1}{2} + \frac{1}{4} = \frac{3}{4}$

$\frac{4}{9} + \frac{1}{6} = \frac{11}{18}$ $\frac{1}{3} + \frac{3}{6} = \frac{5}{6}$

$\frac{1}{5} + \frac{2}{3} = \frac{13}{15}$ $\frac{3}{9} + \frac{1}{8} = \frac{33}{72}$

$\frac{1}{4} + \frac{1}{7} = \frac{11}{28}$ $\frac{1}{3} + \frac{4}{6} = \frac{6}{6}$

$\frac{1}{3} + \frac{1}{5} = \frac{8}{15}$ $\frac{1}{5} + \frac{1}{6} = \frac{11}{30}$

$\frac{1}{7} + \frac{3}{9} = \frac{30}{63}$ $\frac{4}{8} + \frac{1}{8} = \frac{5}{8}$

$\frac{3}{7} + \frac{2}{8} = \frac{38}{56}$ $\frac{2}{6} + \frac{3}{7} = \frac{32}{42}$

$\frac{1}{8} + \frac{5}{6} = \frac{23}{24}$ $\frac{1}{3} + \frac{6}{9} = \frac{9}{9}$

$\frac{1}{7} + \frac{3}{5} = \frac{26}{35}$ $\frac{1}{5} + \frac{5}{8} = \frac{33}{40}$

ACTIVITY 31

ACTIVITY 32

SOLUTION

$\frac{2}{5} + \frac{2}{5} = \frac{4}{5}$ $\frac{2}{4} + \frac{1}{5} = \frac{14}{20}$

$\frac{3}{9} + \frac{4}{9} = \frac{7}{9}$ $\frac{1}{6} + \frac{1}{7} = \frac{13}{42}$

$\frac{3}{7} + \frac{1}{3} = \frac{16}{21}$ $\frac{1}{2} + \frac{1}{5} = \frac{7}{10}$

$\frac{2}{7} + \frac{3}{9} = \frac{39}{63}$ $\frac{3}{7} + \frac{2}{4} = \frac{26}{28}$

$\frac{1}{5} + \frac{1}{3} = \frac{8}{15}$ $\frac{1}{2} + \frac{1}{6} = \frac{4}{6}$

$\frac{2}{9} + \frac{1}{2} = \frac{13}{18}$ $\frac{1}{3} + \frac{1}{5} = \frac{8}{15}$

$\frac{1}{4} + \frac{2}{3} = \frac{11}{12}$ $\frac{1}{6} + \frac{3}{9} = \frac{9}{18}$

$\frac{2}{7} + \frac{2}{4} = \frac{22}{28}$ $\frac{3}{6} + \frac{1}{3} = \frac{5}{6}$

$\frac{1}{7} + \frac{2}{9} = \frac{23}{63}$ $\frac{1}{9} + \frac{2}{7} = \frac{25}{63}$

$\frac{1}{2} + \frac{2}{9} = \frac{13}{18}$ $\frac{1}{2} + \frac{1}{2} = \frac{2}{2}$

SOLUTION

$\frac{1}{3} + \frac{1}{2} = \frac{5}{6}$ $\qquad$ $\frac{4}{8} + \frac{2}{7} = \frac{44}{56}$

$\frac{3}{9} + \frac{2}{7} = \frac{39}{63}$ $\qquad$ $\frac{4}{9} + \frac{3}{8} = \frac{59}{72}$

$\frac{1}{7} + \frac{3}{5} = \frac{26}{35}$ $\qquad$ $\frac{1}{3} + \frac{2}{6} = \frac{4}{6}$

$\frac{1}{5} + \frac{5}{7} = \frac{32}{35}$ $\qquad$ $\frac{4}{9} + \frac{2}{5} = \frac{38}{45}$

$\frac{1}{3} + \frac{1}{8} = \frac{11}{24}$ $\qquad$ $\frac{2}{7} + \frac{2}{5} = \frac{24}{35}$

$\frac{1}{3} + \frac{4}{7} = \frac{19}{21}$ $\qquad$ $\frac{3}{7} + \frac{5}{9} = \frac{62}{63}$

$\frac{1}{4} + \frac{1}{2} = \frac{3}{4}$ $\qquad$ $\frac{3}{8} + \frac{1}{3} = \frac{17}{24}$

$\frac{2}{7} + \frac{4}{9} = \frac{46}{63}$ $\qquad$ $\frac{1}{6} + \frac{1}{7} = \frac{13}{42}$

$\frac{1}{5} + \frac{3}{6} = \frac{21}{30}$ $\qquad$ $\frac{2}{6} + \frac{1}{3} = \frac{4}{6}$

$\frac{1}{2} + \frac{4}{8} = \frac{8}{8}$ $\qquad$ $\frac{3}{9} + \frac{2}{8} = \frac{42}{72}$

ACTIVITY 33

ACTIVITY 34

SOLUTION

$\frac{3}{9} + \frac{2}{8} = \frac{42}{72}$ $\qquad$ $\frac{1}{9} + \frac{1}{4} = \frac{13}{36}$

$\frac{1}{4} + \frac{1}{9} = \frac{13}{36}$ $\qquad$ $\frac{2}{8} + \frac{2}{4} = \frac{6}{8}$

$\frac{1}{3} + \frac{1}{5} = \frac{8}{15}$ $\qquad$ $\frac{1}{3} + \frac{4}{8} = \frac{20}{24}$

$\frac{2}{7} + \frac{1}{3} = \frac{13}{21}$ $\qquad$ $\frac{2}{5} + \frac{1}{2} = \frac{9}{10}$

$\frac{1}{2} + \frac{1}{2} = \frac{2}{2}$ $\qquad$ $\frac{2}{6} + \frac{2}{6} = \frac{4}{6}$

$\frac{1}{4} + \frac{1}{2} = \frac{3}{4}$ $\qquad$ $\frac{4}{9} + \frac{1}{9} = \frac{5}{9}$

$\frac{2}{8} + \frac{2}{3} = \frac{22}{24}$ $\qquad$ $\frac{2}{4} + \frac{3}{8} = \frac{7}{8}$

$\frac{3}{8} + \frac{1}{6} = \frac{13}{24}$ $\qquad$ $\frac{4}{8} + \frac{2}{9} = \frac{52}{72}$

$\frac{1}{2} + \frac{3}{6} = \frac{6}{6}$ $\qquad$ $\frac{2}{4} + \frac{1}{6} = \frac{8}{12}$

$\frac{1}{2} + \frac{1}{5} = \frac{7}{10}$ $\qquad$ $\frac{1}{4} + \frac{1}{4} = \frac{2}{4}$

SOLUTION

$\frac{1}{2} + \frac{2}{7} = \frac{11}{14}$ $\frac{1}{4} + \frac{4}{8} = \frac{6}{8}$

$\frac{1}{5} + \frac{3}{8} = \frac{23}{40}$ $\frac{1}{6} + \frac{1}{6} = \frac{2}{6}$

$\frac{1}{2} + \frac{1}{4} = \frac{3}{4}$ $\frac{1}{2} + \frac{1}{3} = \frac{5}{6}$

$\frac{2}{5} + \frac{1}{3} = \frac{11}{15}$ $\frac{1}{3} + \frac{2}{7} = \frac{13}{21}$

$\frac{4}{9} + \frac{3}{6} = \frac{17}{18}$ $\frac{3}{9} + \frac{1}{2} = \frac{15}{18}$

$\frac{3}{6} + \frac{3}{7} = \frac{39}{42}$ $\frac{1}{5} + \frac{5}{8} = \frac{33}{40}$

$\frac{2}{7} + \frac{1}{2} = \frac{11}{14}$ $\frac{3}{7} + \frac{1}{4} = \frac{19}{28}$

$\frac{1}{2} + \frac{2}{4} = \frac{4}{4}$ $\frac{2}{5} + \frac{3}{8} = \frac{31}{40}$

$\frac{1}{5} + \frac{2}{5} = \frac{3}{5}$ $\frac{2}{4} + \frac{2}{8} = \frac{6}{8}$

$\frac{2}{5} + \frac{4}{8} = \frac{36}{40}$ $\frac{2}{8} + \frac{1}{4} = \frac{4}{8}$

ACTIVITY 35

ACTIVITY 36

SOLUTION

$\frac{2}{7} + \frac{1}{2} = \frac{11}{14}$ $\frac{2}{5} + \frac{1}{2} = \frac{9}{10}$

$\frac{1}{2} + \frac{2}{7} = \frac{11}{14}$ $\frac{1}{4} + \frac{2}{3} = \frac{11}{12}$

$\frac{1}{4} + \frac{5}{7} = \frac{27}{28}$ $\frac{1}{3} + \frac{6}{9} = \frac{9}{9}$

$\frac{2}{6} + \frac{5}{9} = \frac{16}{18}$ $\frac{3}{6} + \frac{2}{6} = \frac{5}{6}$

$\frac{2}{5} + \frac{1}{8} = \frac{21}{40}$ $\frac{1}{2} + \frac{2}{4} = \frac{4}{4}$

$\frac{1}{6} + \frac{2}{6} = \frac{3}{6}$ $\frac{4}{9} + \frac{4}{9} = \frac{8}{9}$

$\frac{2}{9} + \frac{2}{5} = \frac{28}{45}$ $\frac{2}{9} + \frac{2}{4} = \frac{26}{36}$

$\frac{2}{4} + \frac{1}{4} = \frac{3}{4}$ $\frac{1}{2} + \frac{4}{9} = \frac{17}{18}$

$\frac{1}{3} + \frac{1}{9} = \frac{4}{9}$ $\frac{1}{3} + \frac{2}{3} = \frac{3}{3}$

$\frac{1}{2} + \frac{2}{5} = \frac{9}{10}$ $\frac{2}{5} + \frac{3}{8} = \frac{31}{40}$

Solution

ACTIVITY 1

ACTIVITY 2

Solution

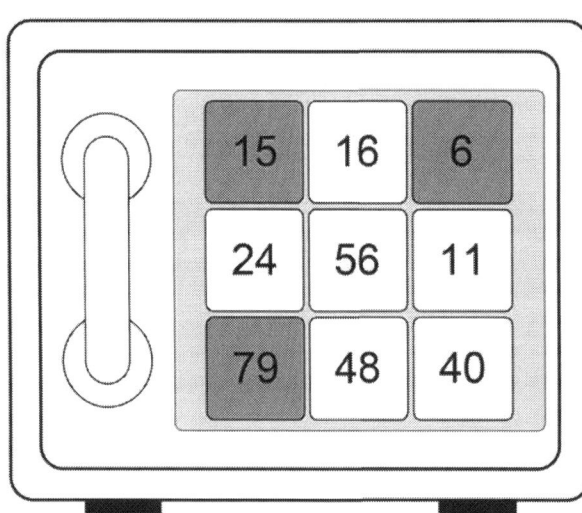

Solution

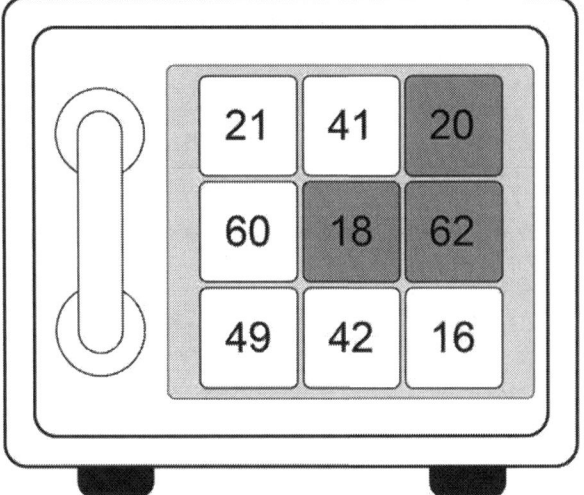

ACTIVITY 3

ACTIVITY 4

Solution

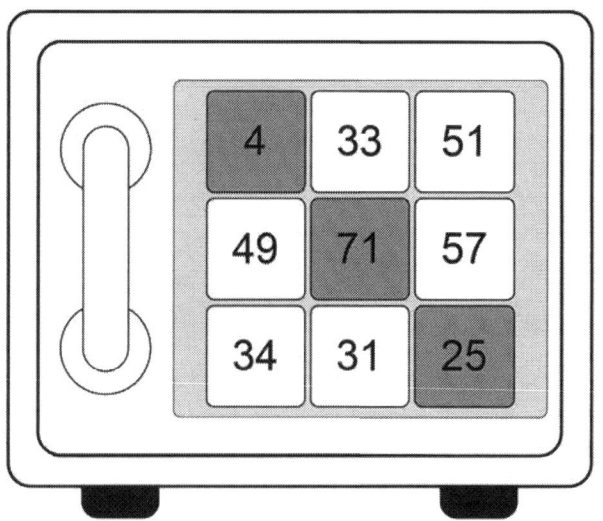

Solution

ACTIVITY 5

ACTIVITY 6

Solution

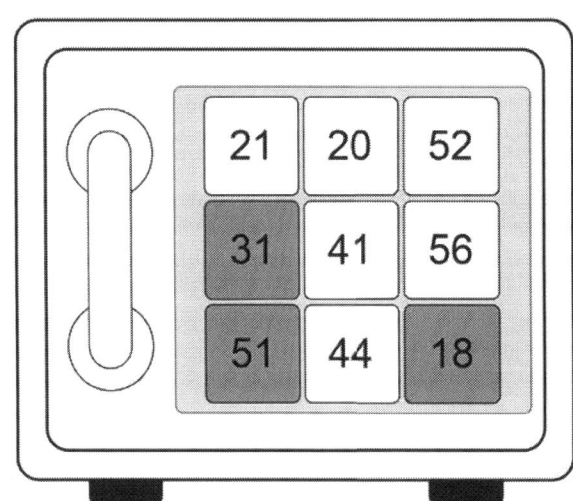

Solution

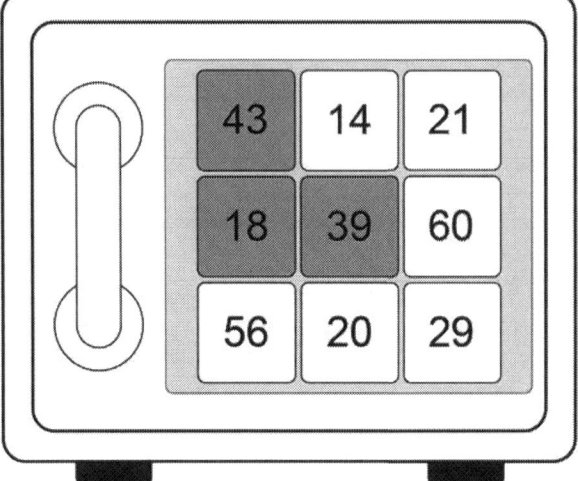

ACTIVITY 7

ACTIVITY 8

Solution

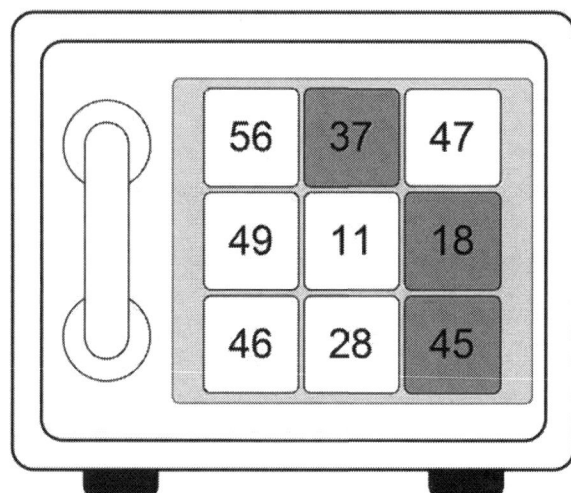

Solution

ACTIVITY 9

ACTIVITY 10

Solution

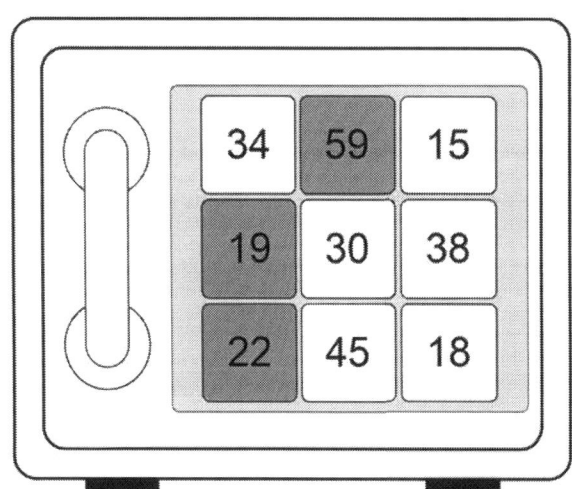

Solution

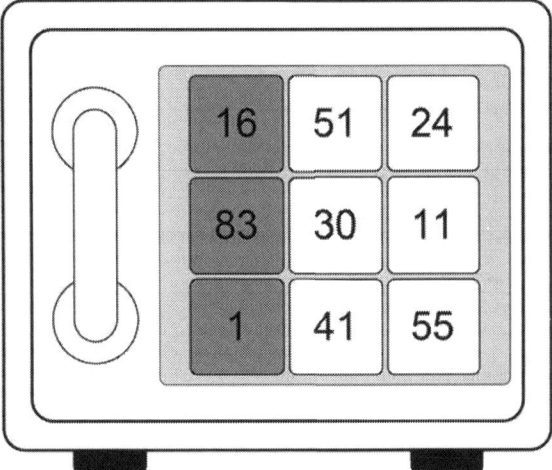

ACTIVITY 11

Solution

ACTIVITY 12

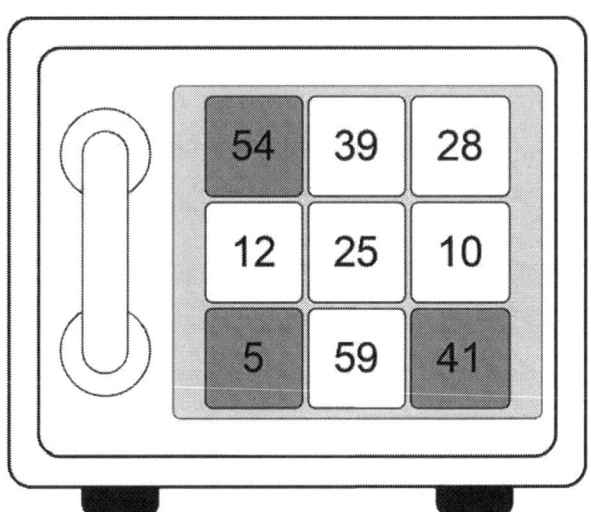

Solution

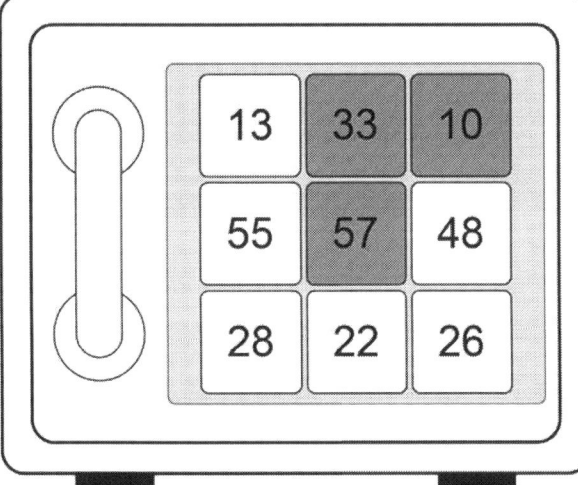

ACTIVITY 13

ACTIVITY 14

Solution

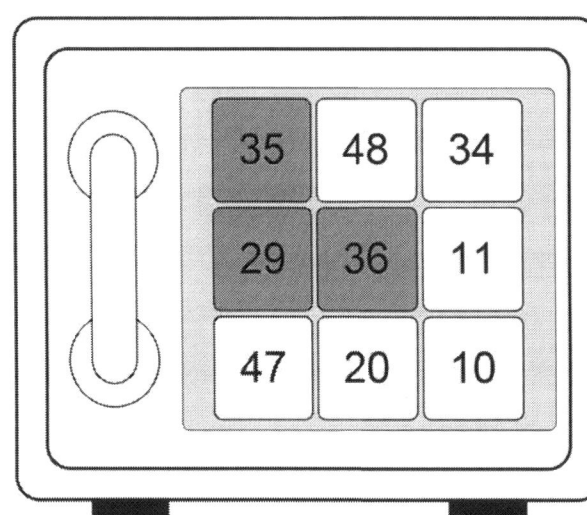

Solution

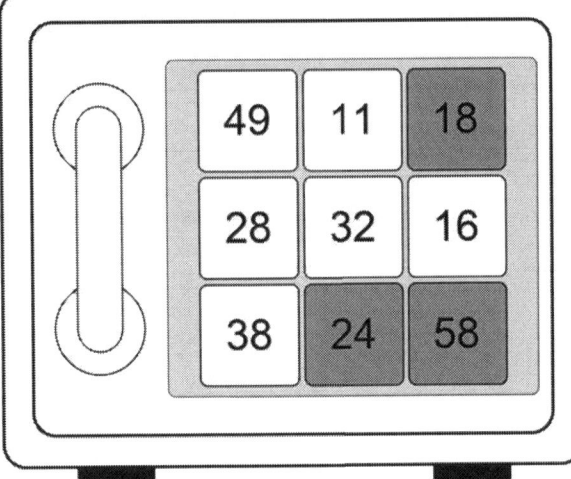

ACTIVITY 15

ACTIVITY 16

Solution

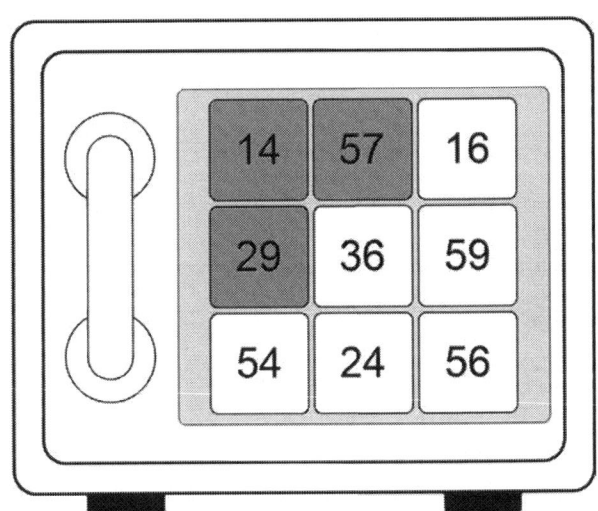

Solution

ACTIVITY 17

ACTIVITY 18

Solution

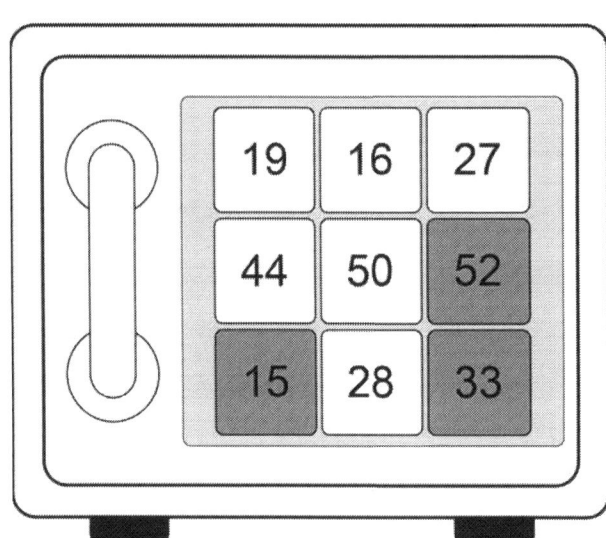

SOLUTION

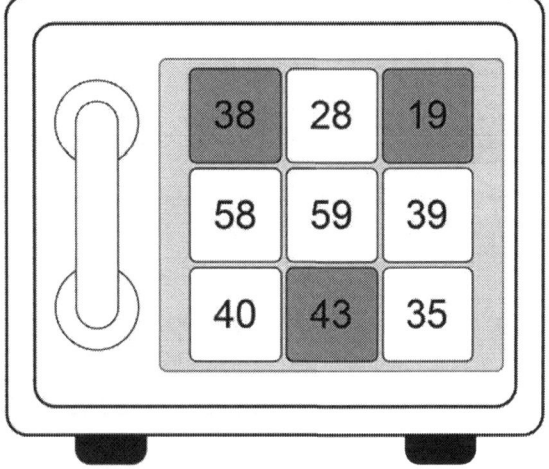

ACTIVITY 19

ACTIVITY 20

SOLUTION

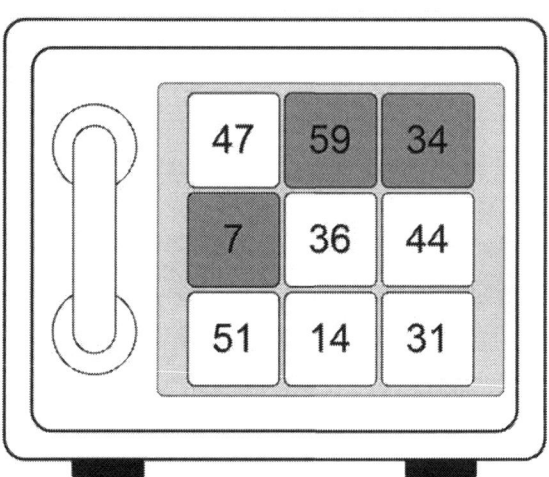

SOLUTION

ACTIVITY 21

ACTIVITY 22

SOLUTION

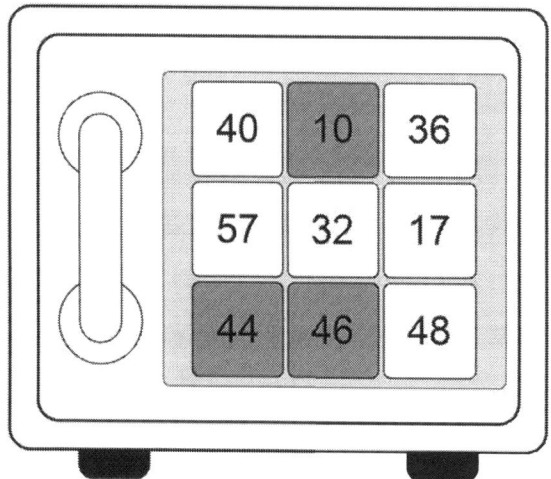

SOLUTION

ACTIVITY 23

ACTIVITY 24

SOLUTION

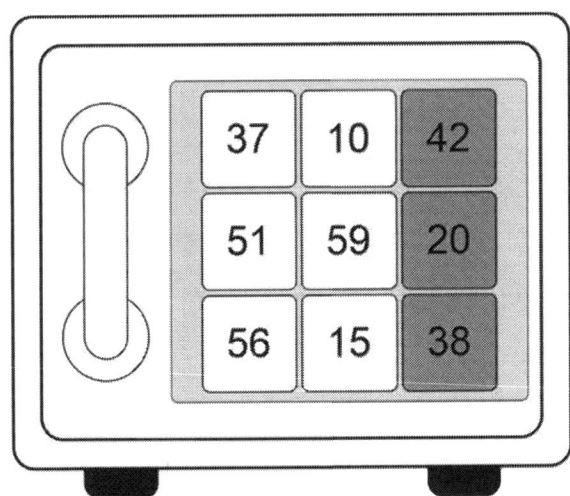

SOLUTION

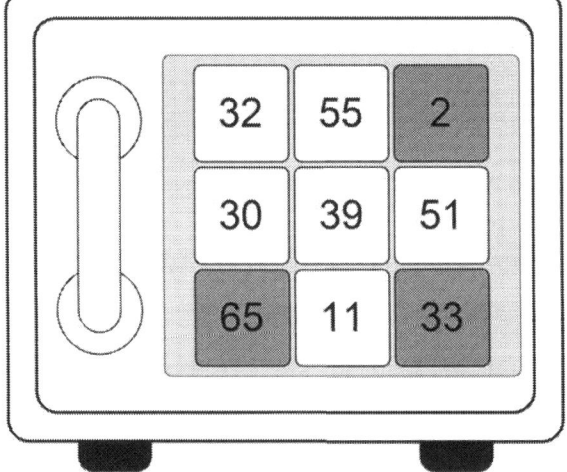

ACTIVITY 25

ACTIVITY 26

SOLUTION

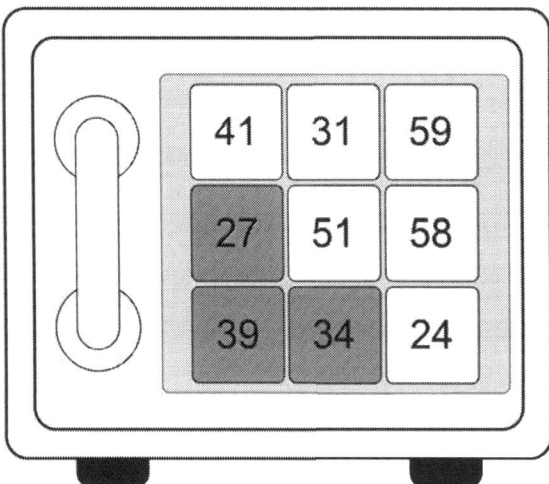

SOLUTION

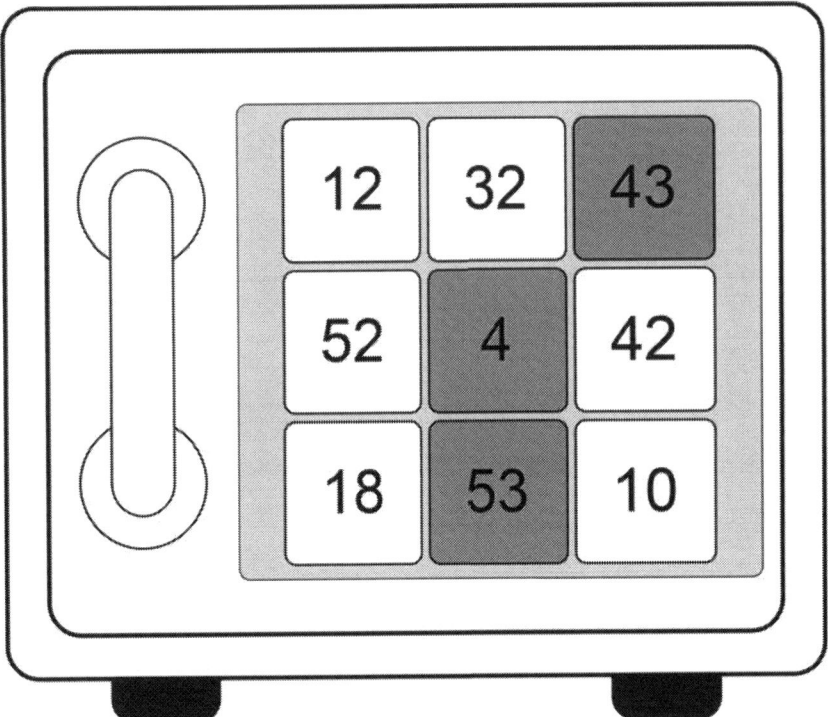

ACTIVITY 27

ACTIVITY 28

SOLUTION

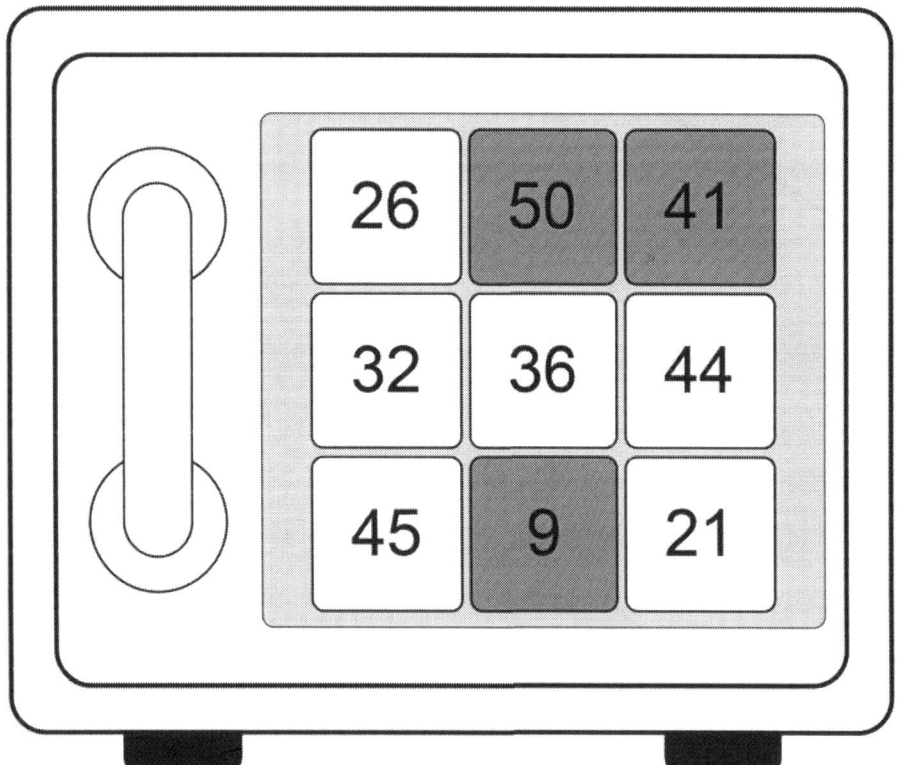

Made in the USA
Middletown, DE
03 May 2018